找到

7%

的「定存」

CFP國際金融理財規畫師

郭俊宏 ——— 著

推薦序
Foreword

鉅亨網證券投資顧問公司副董事長 謝文淵

　　本書淺顯易懂，非常適合作為一般大眾在理財上的教材。我相信現在多數投資人所需要的，就是經過整理、簡單易懂、明晰的引導。

謝文淵

鉅亨基金交易平台策略長　張榮仁

你是否曾有過這種經驗？當你走進銀行，原本想買 A 基金，走出銀行時卻買了 B 基金，可能是你未曾想過的標的，而卻很容易在當下就因著理專的引導而作出了投資決定，過陣子又接到理專電話說因為市場變化所以要轉換到另一隻標的，資金就這麼轉來換去，甚至跟著理專轉職而移來挪去？

有算過這模式是否真能為你帶來理想的報酬、建立穩健的退休金流嗎？投資的選擇與判斷，到底應該由誰來主導，比較恰當呢？俊宏兄這本新書《找到 7% 的定存》能夠提供一個很紮實的思維基礎，不僅協助釐清配息債基的關鍵觀念，更幫助你成為一個精打細算的基金投資人！

雖然出身金融圈，但他身上卻看不到功利，反而有股學者特質，說起話來，講邏輯，重實證是我對他的第一印象。套用在寫作上，本書風格也很平易近人，章節開頭常用深入淺出的案例，輔以問答的形式，幫助讀者一探配息債基的究竟，有趣的是，書中諸多內容皆與鉅亨基金交易平台強調的理念不謀而合。

例如第三章「搞懂配息債基金，正確觀念幫你賺更多」提到，安心退休須具備的原則之一「堅持循序漸進的財富累積步驟」，恰巧呼應了我在 2017 年 11 月巡迴展望說明會提倡的穩健投資法則「挑、存、轉」：挑，挑選標的。存，展開長線且不間斷的定額投資計畫。轉，將資金部位養大後轉到配息基金，讓配息基金開始貢獻現金流。至於如何執行，並由誰來參與你的投資決策，

才是較為穩當且面面俱到的呢？接下來在第四章俊宏兄指出的「線上基金交易智能平台新趨勢」正好回答了此提問，更呼應了2018年6月，我在巡迴展望說明會中強調的理念，「用基金打造自己的投資舒適圈」。

人要成長一定得跳出舒適圈，但是，投資這件事，恰巧是相反的。投資報酬要成長，你得想辦法要待在舒適圈內，在市場變化莫測時，盡量持續參與其中，而不被淘汰掉。選擇透過基金平台來投資，正是你奠定投資舒適圈的必要條件。

鉅亨網、鉅亨基金交易平台對當今投資人而言的價值，早已超越了資訊查詢、節省投資成本（遠低於銀行、投資型保單等）以提升報酬率…等「舒適圈」的基本標配，更重要的是，鉅亨使你有機會享受「進階」的舒適圈──參與在智能投資的趨勢當中。

鉅亨基金交易平台在2018年6月推出的創新主題式投資工具「鉅亨趨勢寶」，透過科技的輔助，結合大數據與量化分析，做到一鍵申購、追蹤、贖回，並以主題式的投資標的，鎖定具有投資價值的趨勢，以組合的概念多元布局，並落實簡單投資的原則，協助投資人達到「趨勢創富、簡單投資」的理想。有興趣的讀者不妨上鉅亨基金交易平台的網站，或利用免費的電話諮詢服務了解詳情。

很榮幸我們與俊宏兄在智能理財、數位金融的理念多有契合之處，也佩服俊宏兄願意投入心力，用系統化的方式，獻身在傳達正確投資觀念的工作

裡！祝福俊宏兄與他的新書！更祝福身為讀者的你，一起享受在健全普惠的
金融環境當中，實現財務自由的豐饒人生！

張榮紅

　　人生嘛！專心修好一門如何有錢又幸福的學分，也就圓滿了。這本書是寫給想要提早退休或者即將屆退朋友的一本安心指南。

　　問我自己……人一生追求的財富是什麼？擁有財富就等於擁有幸福嗎？走過人生一半的路之後，自己心裡的答案，早已和年輕時的想法大相逕庭了。

　　若說投資理財是人生一門必修學分，那現在的我會覺得如何利用投資理財，有效分配有限的時間，學習如何幸福且健康的過一輩子，那才是真正完美的境界。

　　想像在未來幾年的高樓上，掛著光彩奪目的LED廣告牆上，閃現浮出一段話，說著「未來富人的定義將不再是有錢、有房、有金子，取而代之的是有機食物、乾淨的水和空氣。」現在聽起來都覺得相當的真實。

　　2017年卸下繁瑣的理財團隊管理工作後，我空出了一半以上的時間給自己和家人。給了自己更多閱讀理財報告、研究理財性格、互聯網金融趨勢的時間，也開始了我一周四至五天的健身房規律運動的日子。我每星期固定會上一位飛輪老師的課，他說了一段話：「人一輩子的財富是有限的，你若想要有錢，就必須要花上時間去賺錢，去投資。若想要更有錢，就要花上和家人相處的時間，甚至犧牲掉身體健康來換取。」這位教練所教的內容故事情節，我也寫在第一章節中和讀者分享。

　　將近一年時間，我身體體脂率從23降到了18，體態變健美，不容易生

病，酒量變極好（哈，這好像不是優點），這一切都歸功於我做對了健身管理計劃，吃對了食物讓我減少熱量、規律的運動習慣讓我消耗熱量。於是，我慢慢地開始擁有了一個極健康的身體基礎，讓我可以做更多想做的事，而仍遊刃有餘，心情也就變得更開朗了。

有朋友問我怎麼做到的，說穿了，我也只是把理財規劃的這一套運用在運動管理上罷了。

設定好理財目標，做好最佳的心態準備，把「消耗熱量」的概念當做「支出」，運動所消耗的熱量代表「投資支出」，飲食的熱量代表「日常生活支出」，記住成功關鍵一定是「投資支出」大於「日常生活支出」，選擇適合自己的投資工具，透過書籍、專家做功課為自己量身打造一套理財計劃，有規律持續不間斷的做，那麼時間就會回饋給你打造出來屬於自己的黃金人生：理想的財富＋優美的體態＋寶貴的健康＋幸福的心情。

這本書我把廿多年來自己與周遭朋友規律不間斷的執行理財計劃、投資配息債的成功與失敗的觀念及經驗分享給大家之外，內心深處更想要的是把如何提早退休，過幸福日子的過程，用這本書做為引子，記錄下來。期待未來能有更多人分享類似的經驗，提供給社會許多正面的能量。那麼，也許有一天，未來高樓掛上的廣告牆上，會寫著的是：「生命就該倒著活，一出生就先享受退休，多留點時間給自己，當你進入人生黃金時期，就該擁有足夠的財富和健康，讓你實現夢想。」

By 郭俊宏

7

目錄
Contents

▲ 第三章：搞懂配息債基金，正確觀念幫你賺更多

▲ 第六章：
4 個案例教你規畫投資配息債，第一步就上手

▲ 專章：
人民幣時代來臨，該單獨投資中國債券嗎？短空長多，小心布局

Chapter 1
我想安心提早退休，
為何配息債不可或缺

　　退休這檔事，我想是每個人到40歲後，就會開始憧憬的夢想。夢想著有更多自己的時間，夢想著多留點時間給自己。所以，依舊努力打拼工作。然而，如果在退休前面再加上「提早」兩個字，那肯定一半的人以上會搖頭說，不可能做的到，因為還要負擔房子、車子、甚至孩子的開銷，每分錢都得精打細算。再更奢望的在「提早退休」四個字前面，加上「安心」兩個字，我想可能九成以上的人都會歎口氣，說到怎可能安心，新聞報導都說的那麼恐怖，未來的變數太多，實在讓人放不下心。

　　所以，寫這本書更要告訴大家，以我自身的這十多年來投資理財的經驗，我的心得是，安心提早退休的成功關鍵具備兩大原則，一、儘早發展出提早退休認知及做好基本功的正確心態，二、堅持循序漸進的財富累積步驟。

債券報酬不高？
也許你要調整追求報酬率而不計風險的心態！

　　這一年多來，我每星期固定一天會上一位飛輪老師（這裡稱呼他小黃老師）的課。他的課，學生不多只有五、六位，第一次上課時，會以為他教的不好，所以學生不多，原本想說既然是燃脂課程，那就是用力踩，快快騎，讓自己的心跳遠遠的超過每分鐘160下，狠狠地燃燒600多卡路里，那我今天的目標就達成了。有騎過飛輪單車課的人，應該知道大部分老師教的就是不斷的增加阻抗與加快踩踏速，自然就可以得到燃脂的效果。可是，小黃老師卻要我們不用踩快，阻力不用太強，他說：「若身體的基本姿勢沒有做好，那麼這些外在的技巧只會日積月累地造成身體脊椎的傷害」。就因為這段話，讓我決定留下來繼續上他的課，看看接下來會有什麼火花，即使課程中，老師還會偶爾罵學生。

　　接下來的每堂課，小黃老師循序漸進的告訴了我們身體骨頭的各個部位對稱關係，如何先啟動正確姿勢，運用核心力量發力，才不會傷到脊椎。神奇的事發生了，連續上了四周後，我並沒有如往常使盡吃奶的力氣踩踏，只是一直不斷地專注在調整自己身體的姿勢。居然，讓已接近知天命的年紀的中年男子，瘦不下來的小腹明顯地瘦了一大圈，甚至，消耗的熱量反而比以前的瘋狂踩踏還多。

我一直在上他的課，他的學生來來去去，有很多來上了一堂課就不再出現了，我很慶幸他只有我們這五、六個學生，這樣我們可以得更多的學習機會。與其說，小黃老師教我們騎單車燃脂，更正確的應該是，他提醒了我們正確的運動心態及訓練方式以得到最佳的效果。

　　若把投資理財這堂課，當做是一場運動訓練，我們一開始上課時，大部分的人也都追求著投資績效最大化，所以拼命踩踏，不管自己為何而投資，未量力而為。而冒了不必要的風險，以求取最高的投資報酬率，而過程中，可能早已遍體鱗傷，以為自己賺到了報酬率，但卻可能增加了負債，忘記了可能因為方法不對，基本功不紮實，而冒了更高的風險。

　　所以，就如小黃老師在課堂說了他自己的人生經驗：「人一輩子的財富是有限的，你若想要有錢，就必須要花上時間去賺錢，去投資。若想要更有錢，就要花上和家人相處的時間，甚至犧牲掉身體健康來換取。」。如何在這人生不同階段的需求中取得一個身、心、靈平衡點，找到最適合自己的理財之道，那就是屬於自己最好的致富之路了。

十大致富之路

Ten Roads to Riches
① 自己創業、創造財富（Found your own firm and create wealth）
② 當上企業的執行長（Become CEO of an existing company）
③ 搭超級巨星的順風車（Ride on a superstar's coattails）
④ 靠才華名利雙收（Use talents to become rich and famous）
⑤ 找個有錢人結婚（Marry into serious money）
⑥ 當律師替人提告（Become a plaintiff's lawyer）
⑦ 為別人管理財務（Manage other people's money for them）
⑧ 發明東西，學習如何推銷（Invent something and learn how to sell it）
⑨ 買賣房地產（Buy and sell real estate）
⑩ 存錢做聰明投資（Save your money and invest wisely）

Ken Fisher 著 "Ten Roads to Riches"；「郭俊宏的富致幸福學分」整理

　　我很喜歡分享在 "The roads to Riches" 這本書中條列出來的十大致富之路，看過了創業之路的許多成功案例，剛退休的台積電董事長張忠謀，世界首富比爾蓋茲，破壞式創新阿里巴巴的馬雲先生，才華名利雙收的華人巨星周杰倫，死後仍擁有數億版稅收入的麥可傑克森。這十個致富之路裡面，你我也許會覺得有很多成功案例都是九牛一毛，他人的成功，不代表你我做的到。不過，若往下看到第十條致富之路「存

15

錢聰明做投資」，我相信這應該沒有人會說自己做不到了吧，若你也正在努力存錢聰明做投資，那麼我要恭喜你也正往致富之路邁進。別再找藉口說自己沒有成為富人的命哦。

我大學畢業後經歷了一段上班族的領薪水日子，20多年前上班的第一家科技公司，我就經歷了員工認購股份，公司上市的階段，也從公司上市後的蜜月期嚐到了甜頭，15元認購，70元賣出，經過20年後，現在該公司股價是……50多元。因為我的第一次的投資經驗是非常美好的。於是，當我待的第二家科技公司，推行員工認購股份時，我當然就第一個搶著舉手，想要再撈一筆股票財。

不過，財神爺是公平的，這次上天就沒那麼眷顧我了，在公司準備上市期間遭遇了兩次颱風把公司賴以生存的倉庫都給淹了，損失慘重，導致公司無法如期上市，也錯過了上市最好的時機。20年後，現在再回頭看公司也還是維持現況，甚至還縮減人力。

看了自己待的公司的遭遇後，得到的結論是投資股票若掌握到時機，可以獲利翻倍，但若是不小心看錯，也能陰溝裡翻船。

後來開始接觸了共同基金，初期從定期定額基金投資開始，小錢累

積大錢，從一開始，也是胃口很大，一年投資報酬率也想有個二十多趴才覺得是正常的，那時最知名的基金是某家基金公司的東歐基金，記得一年可以來到五十幾趴的年化報酬率，再看看現在股票型基金平均不到10%年化報酬率，真的是往事不堪回首。

更不用提，2008年的雷曼兄弟金融風暴導致全球股災，也讓名牌基金一夕之間打入「股」底。

有這麼一個說法：「若在20多年前就持有台積電，到2018年目前的市值，我可能身價就上億了」。也會有人說：「若是持有的是聯電或其他股票呢？」

2017年的股市榮景，讓許多股市投資人不用做太多功課，閉著眼睛也能成為投資贏家。而2018年2月的兩次股災，震醒了大家對未來市場的擔憂，對股市再度崩盤的恐慌。好景不常的股市榮景，高風險卻伴隨預期報酬率逐漸調降的投資現象，已成為不爭的事實。

配息基金組合配置，將可以提供更高的總體報酬率並降低波動的風險

想像一下以下兩個場景，正代表了未來市場即將發生的翻天覆地變化。讓想存老本、安心退休的投資人更加保守且累積財富變數更大。若再考慮到物價高漲的通膨壓力，甚至讓許多人不敢再想退休這件事，過一天算一天，更不用提「提早退休」了。然而，這些年國人熱愛高收益債基金的原因就是吸引人的高配息特色。高收益債基金只是配息類基金的其中一種，過去的歷史經驗顯示，配息類基金組合配置，將可以提供更高的總體報酬率並降低波動的風險，也給未來退休金規畫重新下了定義，我大膽的判斷未來全球的退休規畫資產組合中，配息類基金絕對不會缺席而且佔比只會有增無減。

場景一、未來投資市場因為網路科技發達而造成資訊流通零時差，就好像俄羅斯發生墜機事件，我們可能在幾分鐘後就被手機APP、Line的新聞快訊主動通知我們。就好比地震警告，在地震的同時，手機就發出了地震警告訊息。只是我在想地震時，手機同時發出地震通報，到底有沒有幫助？若未來科技能提早預測地震五至十分鐘，那應該真的能減少很多的悲劇產生吧。但相反地，在投資市場裡太即時反應的市場資訊，反而更使得市場的波動度加大，再加上非理性恐慌的投資心理行為，就衍生出許多次不同股災事件頻繁發生。

場景二、機器人理財（程式投資演算）的趨勢發展，所帶來的股市急漲急跌現象：當機器人投資演算碰上ETF=未來股災？

2018年2月2日及5日，兩次美股大跌千點，造成全球股市恐慌，幾乎跌掉2018年1月以來所有的漲幅，成為歷史上又一次驚人股災的紀錄，歷史也曾有過類似的慘痛經驗，但這次的機器味道相當濃厚，速度也加快了。

根據市場專家的說法，真正將股市推到懸崖跌落下來的是15分鐘內700億美元的交易量，許多專家指出這麼大量的交易量來自ETF被動式基金，尤其這些年被動式基金深獲投資人的青睞，近幾年新投入資金有六成以上都來自於ETF。而ETF的操作，由程式自動進行的比重又特別高。因此當機器計算出大量賣出的訊號，所造成股市「踩踏」現象。

而這和我們未來投資的操作模式和退休金有何關連呢？你可以想像，正當我們開心且安心的享受投資成長獲利的成果時，卻可能在短短的一周之內就能將獲利吐回去，接下來心情大受驚嚇，再想想這是自己的退休老本，就更吃不下飯。

如此反覆的情況不斷發生，這樣的日子多來幾次，那肯定是讓人過不了安心的好日子。

2018年2月2日及5日的全球股災，配息債基金（這邊指的是高收益債基金和新興市場債基金）的跌幅大約2至3%，遠低於股票市場的5至7%，證明了配息債基金的穩定度高於股市的最佳參考範例。

2018年3／23當日美中貿易戰開打，股／債漲跌幅一覽表

股市	當日漲/跌幅	備註
美股道瓊	-2.93%	
S&P 500	-2.52%	
台股	-1.66%	
上海A股	-3.39%	
香港恒生指數	-3%	
債市	漲/跌幅	備註
美國十年期公債殖利率	降至2.8%	高於3%是空頭警訊
美國高收益債指數	-0.11%	
新興市場債券指數	+0.14%	當地貨幣債亦收高

資料來源：作者整理

以上兩個場景，只是凸顯了從 2008 年金融風暴以來，高風險不等同於高報酬，投資人也已漸漸失去對高風險高報酬投資商品的興趣與信心、更突顯了投資人不安於市場波動度過大的風險趨避特性。轉向偏好穩健，又可以即時獲得收益回報的配息債基金，根據投信投顧公會的統計，2017 年 10 月的配息債基金規模足足將近比 2008 年的規模成長了快 3 倍，但也暴露出國人太過集中於單一類型配息投資標的基金的另類潛在風險。

面臨如此未來的變化及風險，我們該如何提前因應，並能讓自己立於不敗之地，這就是我想要和大家分享的投資必備藥方「配息債基金超額獲利組合」，這款藥方除了讓您生津止渴之外，還可以化油解膩，實屬出門旅遊，居家必備良藥啊。抱歉，離題了，年輕時周星馳電影看太多了。開個玩笑輕鬆一下，因為提筆寫到這時，前面說的事，別說看書的你們，就連我都感覺沈重了。

總之，期許本書可以深入淺出的方式分享給大家我的經驗，提供給大家一個輕鬆、簡單、可執行的配息債基金超額獲利技巧。實現安心提早退休，不求人的夢想。

如何輕鬆的閱讀這本書，可以先和我一起作功課，搞懂以下二個安心提早退休的投資理財正確心法：

心法一、年金化你的退休金，提早退休不再是遙不可及的白日夢

年金改革不再是老人的議題，而是你我的生活事。

以下是來自我周遭真實的聲音：「如果2年後18%歸零，那麼就是32,160元，均貧也，一個為國家奉獻20年的退休上校，沒有休假，沒有加班費，最後確是老年貧窮，情何以堪？」

「以前的軍人的18%是為了給終身奉獻給國家的老兵，是後來改成政務官也可以領18%，以前老兵的退休俸只有幾十萬的18%，和政務官動不動就幾百萬的18%哪能這樣一視同仁？應該視不同狀況處理。叫這些八、九十歲的老兵怎麼好好活著，最後還不是要動用到社會資源？」

「以前退休的同事退休金拿去南港買房，剩下的錢買車。然後再到私人公司以為可以做到老死。沒想到新任總經理提案到董事會說65歲退休比照勞基法，他被迫退休。身無分文。他兒子沒頭路，最後只好賣了南港房子，在永和買了一間小的、三代同堂6個人住不到30坪的房子。」

老年化社會的來臨，是全球的議題，改革勢在必行，國內的年金改革重點，不管如何定案？結果大多可能是全民年金均一價，2萬至3萬不等（所得替代率50~60%）。那麼未來的時間如何管理自己的財富，

也將註定你擁有什麼樣貌的退休命運。

許多人問我未來十年投資怎麼看？我的回答是：「你我的未來消費能力決定了景氣好壞。」有人說川普執政搞的人心惶惶，但我說企業減稅很聰明，提升就業率也提升了消費力，所以美股漲了。日韓決定搞個星期五下午3點提早下班，鼓勵民眾多消費。很聰明的做法，值得觀察後續的消費信心是否帶動股市行情？

台灣也考慮是否比照辦理，但在年金改革與一例一休的政策下，每月可支配的收入減少，消費市場彌漫著一股「小確幸」的味道，老百姓消費愈來愈趨向保守。

歐洲公布2016年第四季企業財報不佳，股市馬上應聲下跌，企業錢賺的少，薪水族擔憂未來前途，消費力道減弱，這是不是和台灣的現況有點像？一例一休增加了企業的人事成本，也變相讓一些產業的員工少了加班費，薪水減少，消費信心減弱。

所以，2018年往後十年的投資走向，我想答案很明顯了，國家「未來消費能力」將決定景氣的好與壞。所謂「未來消費能力」指的是退休後無工作收入負擔消費支出的能力。注意哦……以現在全球領袖 致力的是鼓勵現在的消費力來提升經濟成長，但是否也可能把未來要消費

的錢也提前消費掉了呢？這是個值得探討與深思的議題。

簡言之，無論未來國際局勢如何變化，身處在現在的環境下，你我最好的因應措施歸納以下三個重點：

重點一、年輕時努力工作，並開始執行累積現在和未來消費能力的理財收入（被動收入）。如下表，從年輕時賺取薪資收入，再努力累積理財收入，也就是這本書提的配息收入。等到理財收入大於你的年支出（必要開銷），那麼你就有資格想著提早退休這檔事了。

重點二、將退休目標數字年金化，將退休年金預算分為3份，一份是政府補助（勞保年金）、一份是企業補助（勞保新制退休金）、第三份也是最重要的一份是自己個人規畫（投資年金化），本書的重點就是要教大家如何利用配息債基金用最省力又穩健的方式規畫個人的退休年金，我自己的做法是個人規畫佔了七成，其他三成未來在65歲後再靠政府及企業退休年金。（見下表）

重點三、一定要將人生活得太久的風險轉嫁一部分給保險，做好長期照護醫療保障規畫，準沒錯。

只要把握以上3個重點原則，那麼，我相信每個人都可以成為人生勝利組，安心提早退休。

想提早退休，請你跟我這樣做

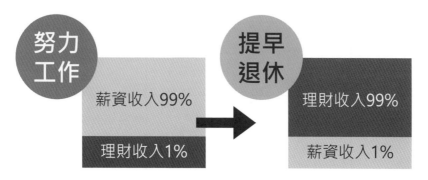

努力工作 | 薪資收入99% | 理財收入1%

提早退休 | 理財收入99% | 薪資收入1%

資料來源：作者整理

配息型理財工具配息收入比較表

假設目標理財（配息）收入 3 萬元／月				
收入來源	需備本金	預期配息率	漲跌風險	備註
台幣定存	3600萬	1%	無	利率可能調升或調降
還本型保單（各種幣別）	1800萬	2~3.75%	低	匯率風險，需考慮至少需累積6年
房租收入	1800萬	2~4%	中	需考慮找不到房客及房貸利息成本
台股股利	1200萬	3~4%	高	報酬未考慮資本利得目前多發放現金股利，股價波動大
全球高股息股票型基金	900萬	4~7%	高	報酬率非保證，需考慮匯率／淨值風險
全球配息債基金（月配息）	600萬	6~8%	中	泛指高收益／新興市場／投資等級債　配息率非保證、需考慮匯率風險／淨值風險
＊年理財收入＞年總支出＝財務自由				

資料來源：作者整理

心法二、資產配置永遠是穩健投資的不二法門

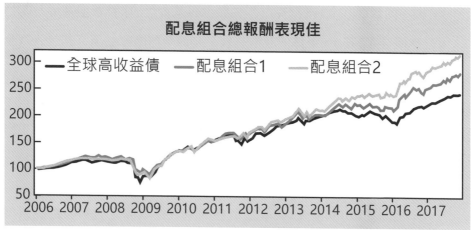

配息組合總報酬表現佳

全球高收益債　配息組合1　配息組合2

註：配息組合 1: 平衡型＋高股息＋新興本地債
配息組合 2: 平衡型＋高股息＋新興主權債

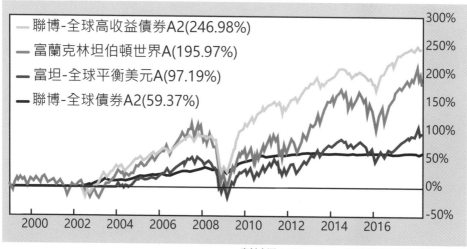

聯博-全球高收益債券A2(246.98%)
富蘭克林坦伯頓世界A(195.97%)
富坦-全球平衡美元A(97.19%)
聯博-全球債券A2(59.37%)

資料來源：：Bloomberg; 鉅亨基金交易平台整理

由大數據結果來告訴你，安心提早退休資產該如何配置。我挑出4檔不同類型基金：富蘭克林坦伯頓世界基金（全球股票型基金）、聯博全球債券A2基金（全球債券型基金）、聯博全球高收益債券基金A2（全球高收益債券型基金）及富蘭克林坦伯頓全球平衡型基金（全球股、債平衡型基金）從1999年到2018年的報酬走勢來看，在2008年金融風暴前，股票的表現的確優於兩種不同類型的債券，但波動幅度也相對大於債券。

　　然而在2009年後，高收益債券的總收益就開始大幅超越股票型基金，甚至從1999年到2018年4月止，總報酬率遠遠超越股票型基金高達50%之多。而股債平衡型基金也相對於表現出遠低於單押股票的波動，但優於全球型債券的報酬率。

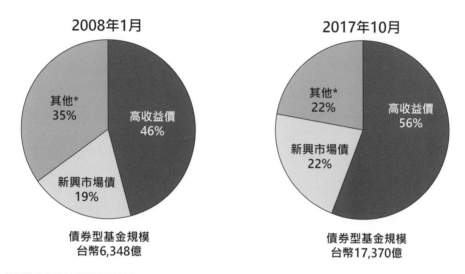

台灣投資人的資金趨於集中在高收益債基金

2008年1月

其他*
35%

高收益債
46%

新興市場債
19%

債券型基金規模
台幣6,348億

2017年10月

其他*
22%

高收益債
56%

新興市場債
22%

債券型基金規模
台幣17,370億

其他型包含非屬以上二細分類之固定收益型基金(如一般債、政府債、投資級公司債、通膨聯繫債券、可轉換債券、複合債及未能分類債券)
資料來源：投信投顧公會；鉅亨網整理；資料日期2017/12

▍搞懂配息債基金在玩什麼？

　　近年來，的確越來越多人對配息債基金有濃厚興趣，投入配息債基金的市場規模也越來越大，不過根據統計（見上圖），國人將近七成以上將資金投入到高收益債及新興市場債券，過度集中於少數類型的投資標的。規模也從 2008 年的新台幣 6,348 億增長到新台幣 17,370 億，金額快將近 3 倍。也曝露出國人只愛配息，忽略了把雞蛋全放在同一個籃子的風險危機。同時，把應該熟悉投資標的內容及風險這檔事可能

早已拋在腦後。

所以，到底什麼是配息債基金呢？除了高收益債券及新興市場債這兩大類型配息標的，還可以選擇什麼其他配息類型，運用在不同投資市場場景，不同景氣訊號時的理想投資組合呢？

講起配息債基金，要先講起 2008 年的金融海嘯，在全球低利率、高通膨的環境背景下，投資人風險承受度也起了很大的變化，慢慢地，債券型投資商品接受度越來越高，投資規模也逐年成長。

配息類基金和配息債基金投資是非常類似的概念，而配息類基金提供了更多元的配息標的組合。以下將對各類型的配息類基金整理說明，並將說明配息類基金的獲利來源。

除了相似股票股價漲跌，淨值價格會隨著市場波動之外，最大的特色就是來自於多元化的配息收入。也就是說不同性質的配息基金標的，除了有機會賺取基金淨值隨市場波動帶來的獲利報酬外，投資人更期待的是愈高且穩定的配息收入。

配息類基金獲利從哪來？

投資配息類基金的獲利來源可以分以下 4 種類型：

1、資本利得：

也就是配息類基金淨值上漲的價差乘以單位數，過去投資人投資股市或基金大多追求的是股價或淨值漲跌，若投資人的目的是賺取資本利得，那麼基金淨值的波動度大小就是主要的參考指標，通常會以標準差來表示。而通常因為配息類基金標的特性，波動度會比股票型基金來的小些。

2、配息收益：

（1）債息收益：

配息債基金的最大特色與主要收益來源，來自於債券配息收益。依配息頻率趨分：月配息、季配息、半年配息、年配息等，例如月配息指的是每個月依每單位配息的金額，分配配息收益到投資人指定帳戶，但有些配息基金或有些時候為維持配息穩定性，基金的配息來源可能會配到本金，在第四章節會仔細教大家如何查詢與判斷。

什麼是基金淨值：

　　基金的單位淨值(NetAssetValue)是根據基金每日投資資產總值，包括所有投資的股票、債券、或其他有價證券、資產等的每日收盤價，扣除基金所應支付的費用後，除以該基金發行在外的單位總數。

一般來說，債券基金的配息多寡來自於基金公司的決策。基金公司會定期召開會議，審視基金配息狀況，確保基金的配息率與該檔基金投資政策與預期收益條件一致性。

所以，當基金的配息有所調整時，投資人應該了解，基金公司為何調整？如果是為了目前市場環境獲得的收益水準，確保投資操作彈性，使基金免於冒更高的市場風險。通常，這樣的調整行為是合理且有利於投資人的。

（2）股利收益：

另一個配息收益來源，除了債券配息外，有些配息類基金也會持有特別股股利收益。相較於傳統股票（普通股）收益，預期股利收益也相對比較穩健，也有機會參與到股價成長的上漲機會，很適合納入配息類基金的選擇標的。

3、匯率收益：

投資配息類基金的計價幣別也隨著市場需求越來越多元，主要以美金、澳幣、台幣為主。因應更多元的投資目的，現在也可以選擇歐元、紐幣、人民幣、甚至南非幣計價的配息基金。

若以長期穩健投資或退休規畫的角度來看，如何利用幣別的投資配

置來分散匯率風險，提高整體配置的穩健度，甚至可以大幅提升整體配息率，也是配息類基金獲利的一大重點，第五章會針對匯率組合看法提供實用性的混搭建議。

4、其他：

(1) 選擇權權利金收益：比較常用在股票型配息基金。

以貝萊德全球股票入息基金為例，在投資策略中提到，此檔基金會用「衍生性工具，產生額外收入」，這就是屬於選擇權權利金收益的一種。

操作衍生性金融商品，也是配息的來源

基金名稱	貝萊德全球智慧數據股票入息基金 A6 美元（穩定配息）		
基金名稱（英文）	BlackRock Global Funds - Global Enhanced Equity Yield Fund A6 USD		
基金管理公司	貝萊德（盧森堡）公司		
基金經理人	Robert Fisher (2014/02/14)		
基金規模	USD 1,395,364,714 (2018/04/30)		
基金註冊地	盧森堡	投資地區	全球市場
計價幣別	美元	基金組別	全球股票
晨星組別	全球股票收益	ISIN	LU1116320737
基準指數	Not Benchmarked	成立日期	2014/10/08
風險評等	RR4	晨星評等	
投資策略	以盡量爭取高收入為目標。基金係對於全球進行投資，不受既定的國家或地區限制，基金至少70%之總資產投資於股本證券。基金會使用符合其投資目標之衍生性工具，以產生額外之收入。		

資料來源：作者整理

衍生性工具投資的配息從哪來：

以安聯收益成長基金為例，這是一檔平衡型配息基金，但有些投資人會誤以為他是債券型配息基金，而忽略了股市的風險，而這檔平衡型基金有1/3投資股票部位，並採用「現股保護」的買權操作來降低股票波動風險，並有機會賺取權利金收益。

(2)不動產（REITs）證券租金收益、房貸抵押證券收益（CRTs）。

聽到房貸抵押債券，就一定會讓人連想到2008年美國次級房貸風暴的抵押債券，危恐避之而不及，但是經過了十年後，金融市場體制及嚴格規範的變化下，現今的房貸抵押債券（非次級房貸抵押債券）有何不同？是否反而對投資機構更具有投資吸引力呢？

什麼是「現股保護的買權操作」

「本基金具有靈活選擇權操作機制，選擇權操作採賣出選擇權，為「Covered Call」策略，是指「有現股保護」的買權操作，透過賣出買權的同時投資現股（例如：持有A股票並對A股票進行賣出買權之策略），選擇權策略為靈活操作，策略比重範圍為股票比重之0~70%間。

資料來源：安聯投信整理 2017/12

來自聯博固定收益資深基金經理梁文偉先生的說法：

2008年的次級房貸風暴來自於銀行借錢給Ninja族群（No Income, No Job, No Asset），是指沒有收入、沒有工作、沒有抵押資產的借款。這是多麼瘋狂非理性的借貸風險，而時至今日，從2014年Bloomberg的報導指出「聯準會前任主席柏南克表示連他自己都借不到房貸貸款，可知審查有多嚴格。」在全球醞釀利率走升，美國景氣好轉，企業獲利佳，失業率屢創新低的情景下，在大多數人有工作收入的情況下，房屋的供給吃緊，形成房產市場的多頭局勢，投信公司預期房貸抵押債券的違約率約0.2%，若以金融風暴後十年來看，高收益債與新興市場債的違約率大約多在3~4%以上。那麼，可想而知，這個投資標的反而更安全且穩健的投資吸引力。

基金的預期合理配息率應與總報酬率能力一致

參考下表，各類型債券基金的配息策略不盡相同，預期配息率也有所不同。但應該和債券的總報酬率相呼應。

簡單來說，總報酬率包含投資債券的所有報酬，包括債券的利息收入與資本利得兩部分。

若調高配息率，基金會因此調高了整體投資組合的風險，例如加碼持有信評低、風險高的垃圾債券。當市場與經濟狀況反轉時，投資人可能會因為這類型債券違約或市場傳言而遭受損失。因此，配息債基金配息率並非愈高愈好，而應該要參考各類型債券的殖利率水準，不宜偏離過多，才是合理的配息率。

2018年各類配息標的殖利率及預期配息率

配息標的	殖利率	預期配息率
全球高收益債指數	6.19%	5~8%
全球新興市場債指數	5.76%	5~9%
投資等級債指數	3.76%	4~5%
房貸抵押證券（CRTs）	3.30%	4~5%
美國政府公債指數	2.55%	2~3%

資料來源：作者整理

▌配息債券基金的種類及特性

　　談到配息類基金，一般投資人第一個想到的大多是債券型基金，但問到什麼是債券型基金，大多人都一知半解。其實配息基金的投資項目非常多元，債券只是其中的一個項目，就如同上節提到的高股息股票股利、特別股股利或者是不動產投資收益（REITs），也都是配息類基金的投資標的，按照不同的投資理財目標、投資偏好及風險承受度，都可

以選擇合適的配息類基金來做配置。了解不同類型的配息基金特性，有助於幫助你在不同的市場行情，做適當的資產配置比例調整。

1. 債券型配息基金：

主要配息來源：債息收入

整體風險指標：★★★

債券的種類很多，各類債券的報酬與風險特質各有不同。投資人較常見的債券類型，依照發行機構可分為政府債券、公司債以及其他機構發行的債券。這些債券有什麼不同呢？

政府公債：各國政府直接發行的債券，依據發行國家債信評等而有不同的評級，又可細分為地方政府公債、國家政府公債及新興市場公債，此類型債券型配息基金波動風險對國家利率政策升息或降息有高度相關性。

風險參考指標——

利率敏感度：★★★★★

違約率：★

股市相關性：★

企業債券（通稱公司債）：又可細分為投資等級公司債、當地貨幣新興市場債、新興市場債及高收益債。

風險參考指標－－

利率敏感度：★★★

違約率：★★★★★

股市相關度：★★★

其他金融機構發行證券化資產：

主要配息來源：貸款利息收益、資本利得

風險參考指標－－

利率敏感度：★★★★

違約率：★★★★★

各類型債券種類與特性

發行者	說明	名稱	風險主要參考指標
政府	各國政府直接發行的債券，依據發行國家債信評等而有不同的評級	・已開發國家政府公債 ・新興市場公債	利率走升，債券價格走跌
公司	公司發行，為公司籌資方式之一種債務關係。通常公司借錢風險高於政府，因此給的利率也比較高	・投資等級公司債 ・高收益公司債（非投資等級公司債）、可轉債	違約率高時，債券價格走跌
金融機構	其他金融機構發行的債券	・房地產抵押貸款擔保債券（MBS） ・資產擔保債券（ABS） ・信用風險移轉證券（CRTs） ・商業不動產抵押貸款債（CMBS）	違約率高時，債券價格走跌

資料來源：作者整理

信用風險移轉證券（CRTs）、資產抵押證券（ABS）、房貸抵押債（MBS）、商業不動產抵押貸款債（CMBS），此類型債券也是2008年次級房貸風暴的主要凶手，裡面隱藏了許多一般投資人不了解的投資細節及風險。既然，本書的目的是為了搞懂配息基金，安心提早退休，那麼，我們就不在這類一般投資人摸不著頭緒的金融商品上多做著墨。

2. 股票型配息基金：

主要配息來源：股票股利，資本利得

風險參考指標－－

利率敏感度：★

信用評等：★★★★

企業獲利：★★★★★

景氣訊號：★★★★★

一般基金名稱裡有「股票入息」、「股票收益」多屬於這類型的配息基金，這類型的基金大多會挑選一些大型國際企業，這類型的標的通常具有穩健配息、穩定成長、本益比相對合理的特性，這類的投資標的通常有以下幾個特色：

特色一、公司信用評等高

挑選的公司信用評等大多集中在 AA、A、BBB 等投資等級信評，

也代表公司的違約率非常低（違約率風險請參考第二章），企業展望穩定成長的公司，所以大部分的投資區域多為已開發國家、例如：美國、歐洲及日本等。

　　特色二、公司多為具高股息成長潛力的大股利策略

　　若以國內公司來舉例，中華電信就是符合這類型的投資標的。而以產業類型來區分，大多會集中在金融、科技、周期性消費 （Consumer Cyclical）、健康護理四大類型佔比最大。

施羅德環球基金系列-環球股息基金C類股（美元）

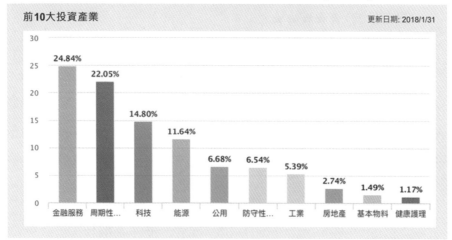

前10大投資產業　　　　　　　　　　　更新日期: 2018/1/31

金融服務 24.84%
周期性 22.05%
科技 14.80%
能源 11.64%
公用 6.68%
防守性 6.54%
工業 5.39%
房地產 2.74%
基本物料 1.49%
健康護理 1.17%

特色三、公司多為大型國際企業：

例如：麥當勞、微軟、IBM、Cisco大型跨國企業

3. 平衡型配息基金：

主要配息來源：股票股利、資本利得、債息收入

風險參考指標－－

利率敏感度：★

違約率：★★★★

信用評等：★★★★

企業獲利：★★★★★

景氣訊號：★★★★★

　　投資標的組合來自於股票、債券、現金、甚至房產抵押債券收益，相較前兩者債券型及股票型配息基金，平衡型配息基金兼具了債券型配息基金的穩健，波動較小。預期績效又可媲美價值型公司股票的預期獲利機會。

案例：安聯收益成長穩定月配美元計價基金投資組合配息表

項目	本基金
基金規模	216.27億美元
存續期(高收益債部位)	3.8年
高收益債平均票息	6.3%
高收益債平均殖利率	6.2%
可轉債平均票息	2.7%
股票平均股息率	1.5%
平均信評(高收益債部位)	B1
主要投資範圍	基金至少有80%之資產投資於註冊在美國與加拿大之企業所發行或擔保付款之普通股票及其他證券、債券及可轉債。
風險收益等級	RR3
晨星–星級評等*	★★★★★

　　以上簡單的說明，第一章節試著要讓您了解配息債基金的固定收益及投資債券標的特性，若你是投資配息債基金的小白，仍然覺得一知半解，就請跟著本書進入到第二章節，讓我用更白話的方式教你搞懂配息債的投資風險是什麼？

Chapter 2

用白話文搞懂
配息債基金的投資風險

風險是什麼？白話來說就是不確定性，再加上時間就是對未來未知的不確定性。

人類的行為模式對於未知的不確定性會產生很多的錯誤判斷。有一部我深愛的驚悚電影由導演史帝芬金執導的「迷霧驚魂 The Mist」，內容描述在一個小鎮一群純樸善良的居民，因一場暴風雨導致停電，而後被暴風雨困在一個超級市場，在這樣還不知到底發生什麼事的此刻，又開始有人被不知名的怪物殺害。

這不斷疊沓堆積的恐懼由內心升起，產生的許多行為的抉擇，有人選擇坐以待斃，說這是世界末日，有人選擇抱持希望闖出迷霧，就在最後一幕主角開著吉普車急駛，想遠遠的逃離現場同時，車上的汽油已耗盡，抬頭一望仍身處在這陣永無盡頭的迷霧中。於是，絕望的舉槍結束生命。就差幾秒鐘的前方百尺，霧散了，救援部隊也到了。

所以，若要給投資風險下個定義，那就是對未來的不確定性，人們所做出的選擇因而獲得的報酬或損失。不確定性愈多，風險愈高，報酬或損失也愈大，不確定性愈少，風險較低，報酬或損失也就愈小。在我們討論如何安心提早退休的目標時，如何減少投資組合的不確定性，那麼也就表示我們做的選擇愈正確，勝算愈高。

證券分析師常會討論到什麼是投資？投資就是必須以深入的分析為主，在確保本金的安全性下，獲得合理的報酬，反之，就可以歸類為投機行為。

這次又要提到我的飛輪課健身教練小黃了。在另一堂飛輪單車課程中，他說：「用習慣處理事情聽來沒問題，其實反而是最大的風險」，在騎飛輪單車運動時，為了想要燃燒脂肪（獲取超額報酬），我們習慣用自己習慣的姿勢（沒有思考驗證過的投資行為），踩的更快，更用力，總覺得這樣就會讓脂肪消耗的更快（想在短時間獲取最高報酬）。

結果是大多數人卻容易因為施力不當（不適合自己的投資方式），姿勢不正確（錯誤投資決策）而導致身體受力失當，得到的是運動傷害（投資損失）。

最常被人問到「要升息了，不要碰債券，債券會跌」，「老師，金融風暴來了，債券會很慘，我是不是要把配息債贖回。」這些似是而非的問答題，若也在你的心中沒有答案，那你肯定要比別人承擔更多無知所帶來的投資風險。

既然要用配息債基金做為安心提早退休的主要投資配置標的。退休時，最擔心的本金是否會巨額虧損導致影響到退休金？也是投資人最關心的主要風險。

至於，投資人擔心配息會不會配到本金的問題，會放在第三章節來深入探討。

這個章節，一樣用簡單的道理和邏輯來說明投資配息債的淨值波動風險在哪？幫助大家建立投資配息債的風險意識及正確觀念。

▌配息債基金又不是股票，為何淨值會漲跌？

什麼是債券？說穿了就是借錢的一種交易關係。試想你的一生中有沒有被人借過錢的經驗？當你決定借錢給朋友、同事、甚至家人的時候心裡在想什麼？

　　小王的家人因為要開小吃店，要跟小王借30萬投資購買店面設備及相關食材的成本，並約定好3年內全額還給小王，並且每個月給2%年利率利息，也就是說每個月還小王利息錢500元（300,000 ×0.02／12），因小王想說是家人跑不掉的，就借給了家人這筆錢，5年後因營運狀況不錯，也歸還了本金給小王。

　　若以配息債券的特性來看，我們假設家人的穩定度和信用比較不會出現問題，小王就相當於購買了一檔「政府公債」，小王的家人就相當於政府跟小王借款的債務人。

　　無獨有偶的在第二天，小王接到了以前宏達電上班的同事小陳和現在公司台積電同事阿忠，也跑來和小王借錢，宏達電同事小陳想跟小王借30萬，3年後全額歸還，願意給年利率5%的利息。台積電同事阿忠也想借30萬，5年後全額歸還，願意給年利率8%的利息。因為，小王比較熟悉阿忠的工作狀況及對台積電企業的信心，相反的，早已離開宏達電3年多了，對小陳現況及公司營運的狀況不甚了解。結果，就把錢借給了阿忠，而沒有把錢借給小陳。

　　若以債券的特性來看，我們假設台積電的阿忠就相當於一檔「投資級公司債」，宏達電小陳就相當於一檔「高收益債券」。

經過一年後，小王因為工作的異動，他急需用錢，但因為借錢給阿忠還沒到還錢的時候，阿忠也一時之間拿不出那麼多錢。所以，小王就跟阿忠共同的好友小花提議，我把阿忠的借錢債務關係，折價轉讓給你。小花除了可以領取後面未到期的利息之外，小王只要小花給他25萬本金就可以了。所以對小花來說，他相當於折價便宜的買到了一檔「投資級公司債」，以阿忠這張債券淨值來看就是下跌，殖利率上漲。這也就是為何配息債在市場流通時，因為供需的變化，而造成淨值的漲跌因素了。

▌聽說升息對債券不利，可是每個月配息都差不多？

什麼是債券利率風險，以小王借錢的例子來看，借錢給家人、小陳和阿忠年利率分別是2%、8%和5%，小王想著若把錢放在銀行現在定存年利率1%都不到，若他們都能到期時再還本金，那麼借錢的投資報酬率吸引力是遠高於銀行定存利率。正在仔細思考利弊得失之餘，電視機傳來一則新聞報導，央行決定調升利率。這時，又讓小王開始重新思考放在銀行生利息，會不會比借他們來的安全？

投資債券，最常聽到升息時債券價格會跌，降息時，債券價格會漲。以小王的例子，假設銀行利率升息，甚至升息到2%以上，相對來

說，把錢以2%利率借給家人的吸引力就會降低很多。小王可能會考慮，請家人再提高利率，以增加小王借錢給家人的意願。若以債券種類的特性來說，家人借錢類似政府公債，發行的票面利率較低，但因為發行後已無法改變原本約定好的票面利率。

所以，政府公債市場價格就必須以跌價的方式提高實質報酬率，才能吸引更多人願意在升息時購買公債，公債價格因此下跌。這裡所說的實質報酬率就是我們說的殖利率，也就是市場利率。

相對於政府公債，投資等級債、高收益債和新興市場債類別的債券，因為其高風險高配息的特性，對利率的敏感度較不像政府公債那麼高。影響其他類型債券價格波動較大因素，主要是債券違約率和信用評等狀況改變所帶來的風險。

什麼是債券殖利率，和債券配息率有不同嗎？？

所謂「債券殖利率」，在債市的定義是指債券投資人從買入債券一直持有至到期日為止，這段期間的實質投資報酬率，又可稱為「到期殖利率」（Yield to maturity：YTM）。

股市漲多了，恐慌及風險意識就會開始抬頭，許多專家認為，預期美國10年期公債殖利率突破3%，就如同上節中舉例的企業發行的債券殖利率，伴隨著高風險所帶來投資吸引力會大幅降低，迫使企業必須提高借款利率，在企業借錢的成本負擔加重惡性循環下，資金緊縮，體質不好的企業更不容易借到錢，金融體系開始嚴格把關控管資金股市將喪失吸引力，而經濟成長動能也可能減退。

結論是美國10年期公債殖利率是一個景氣反轉的訊號指標，若公債殖利率上升過快，將可能優先讓一批靠股利支撐股價的個股及企業發行的債券，極大可能有下跌的風險。

┃大哥，借錢借長或借短安全？什麼是債券存續期間（Duration）

試問自己一個問題，若朋友跟你借錢，A君和B君同時跟你借10萬元，A君約定一個月後還，B君約定3年後還，請問你比較願意借給誰？若沒特殊條件，多數人應該大都選擇借錢給A君，而這個1個月和3年連本帶息償還的時間條件就是存續期間的簡單精神概念。

同樣的道理，1個月的借款期限也會比3年的借款期限來的安全，不可預期的變數較低。因此，存續期間愈低，對利率或市場波動的敏感

度就相對愈低。

　　反之，存續期間愈高，對利率或市場波動的敏感度就愈高。以目前高收益債券型基金的平均存續期間大約在3~4年左右，若高於3~4年，就代表同類型基金中，存續期間愈高的波動風險也愈高。

什麼是債券的存續期間(Duration)：

　　指投資人「持有債券之平均到期年限」，也就是投資人收回本息的「實際」平均年限。債券的存續期間會隨著到期期限而縮短；　一般而言，債券越接近到期期限，其存續期間縮短的速度會越快。　以白話來說，可想成持有債券的平均回本期間。因此，存續期間也是衡量債券價格對市場利率及景氣循敏感度的指標。(可以舉例子)(上面的A君和B君就是舉存續期間的簡單例子)

資料來源：安聯投信整理 2017/12

債券基金平均存續期間越短，對利率變動的敏感度越低

註冊地點	盧森堡		註冊地點	盧森堡
基金成立日	03/14/2002 （A2 級別）		基金成立日	05/12/1999 （A2 級別）
基金規模	$23,189.54 百萬美元		基金規模	$494.42 百萬美元
基準貨幣	美元		基準貨幣	美元
其他計價貨幣	歐元		其他計價貨幣	歐元
避險級別	歐元、澳幣、紐幣、加幣、南非幣、英鎊		避險級別	歐元、澳幣、紐幣、加幣
參考指數	彭博巴克萊全球高收益債券指數（美元避險）		參考指數	彭博巴克萊全球 1 至 3 年公債指數（美元避險）
下單截止時間	美國東部時間 4:00 p.m.		下單截止時間	美國東部時間 4:00 p.m.
平均存續期(年)	4.91		平均存續期(年)	1.55
平均信用評等	BB		平均信用評等	AA −
管理費	1.70、1.50%（A2、AT、AA 穩定月配級別）		管理費	1.10%（A2、AT、AA 穩定月配級別）
風險報酬等級	RR3*		風險報酬等級	RR2*
3 年年化標準差	5.31		3 年年化標準差	0.59
基金管理團隊	Paul J. DeNoon Gershon Distenfeld Douglas J. Peebles Matthew S. Sheridan		基金管理團隊	Scott DiMaggio Nicholas Sanders John Taylor

資料來源：作者整理

借錢總要還錢——
什麼是債券信用評等（Credit Rating）？

債券信用評等，是衡量借錢的債務人能不能準時還錢的重要指標，通常投資等級債券是 BB 以上。

小林是中小企業的上班族，因為年節接近，他需要借錢來應急，於

是向銀行申請小額信用貸款。銀行回覆退回小林的信貸申請，理由是小林有動用分期付款及循環信用利息，小林正納悶他是有正常收入的上班族可以正常還款，為何銀行不願意借錢給他。就在煩惱之際，車貸公司打來，詢問小林「是否有車子，若有可以用車子申辦貸款，且利率可以比一般信貸來的低。」小林想著，反正只是應急，等年中分紅下來，他就可以還完大部分，姑且試試看，沒想到果然很快順利的借到錢了。

在債券結構裡，信用評等是考量債務人在未來債券到期時，能否準時還回本金的重要參考依據。以小林的例子，銀行不願意借錢是考量到小林的未來還款能力、是否動用循環信用及分期付款風險綜合考量下拒絕借款。而車貸公司願意把錢借給小林，是因為用車子作為抵押品，降低了小林還不出錢的機率。

▌ 垃圾債配息高很吸引人，為什麼很多人說風險很大？

什麼是垃圾債（Junk Bond）：

垃圾債券，指信用評級甚低的企業所發行的債券。一般而言，BB級或以下的信用評級，代表信用欠佳，雖然給的利率條件高，但是借錢不還錢的風險高，有可能賺了利息，賠了本金。

所以，在景氣好轉時，可能看不出體質不好的企業帶來的違約風險，一旦景氣轉壞時，體質不好的企業可能就會相繼上演「現形記」，違約、倒閉接連而來。

信用評等體檢表

等級	含義	説明
AAA	信譽極好，只有 <5% 風險	表示企業信用程度高、資金實力雄厚，資產質量優良，各項指標先進，經濟效益明顯，清償支付能力強，企業陷入財務困境的可能性極小。
AA	信譽優良，只有 5 至 10% 風險	表示企業信用程度較高，企業資金實力較強，資產質量較好，各項指標先進，經營管理狀況良好，經濟效益穩定，有較強的清償與支付能力。
A	信譽較好，具備支付能力，只有 10 至 15% 風險	表示企業信用程度良好，企業資金實力、資產質量一般，有一定實力，各項經濟指標處於中上等水平，經濟效益不夠穩定，清償與支付能力尚可，受外部經濟條件影響，償債能力產生波動，但無大的風險。
BBB	信譽一般，基本具備支付能力，有 15 至 22% 風險	企業信用程度一般，企業資產和財務狀況一般，各項經濟指標處於中等水平，可能受到不確定因素影響，有一定風險。
BB	信譽欠佳，支付能力不穩定，有 22 至 30% 風險	企業信用程度較差，企業資產和財務狀況差，各項經濟指標處於較低水平，清償與支付能力不佳，容易受到不確定因素影響，有風險。該類企業具有較多不良信用紀錄，未來發展前景不明朗，含有投機性因素。
B	信譽較差，近期內支付能力不穩定，有 30 至 45% 風險	企業的信用程度差，償債能力較弱，管理水平和財務水平偏低。雖然目前尚能償債，但無更多財務保障。而其一旦處於較為惡劣的經濟環境下，則有可能發生違約。
CCC	信譽很差，償債能力不可靠，可能違約，有 45 至 62% 風險	企業信用很差，企業盈利能力和償債能力很弱，對投資者而言投資安全保障較小，存在重大風險和不穩定性，償債能力低下。
CC	信譽太差，償還能力差，有 62 至 80% 風險	企業信用極差，企業已處於虧損狀態，對投資者而言具有高度的投機性，償債能力極低。
C	信譽極差，完全喪失支付能力，有 80 至 100% 風險	企業無信用，企業基本無力償還債務本息，虧損嚴重，接近破產，幾乎完全喪失償債能力。
D	違約，有 95 至 100% 風險	企業破產，債務違約。

資料來源：作者整理

　　我們以一檔聯博高收益債基金來舉例：

　　信用評等BB級以下，也就是所謂垃圾債佔了70.03%，BBB級以上佔30%，歸類在投資等級的債券標的。也因為垃圾債佔比高，所以，通常高收益債券俗稱垃圾債券。同理可知，若BBB級以上佔比高，就會被歸類在投資等級債券，如下圖舉例的聯博全球債券基金就屬於投資等級債券基金。投資不變定律——高報酬伴隨著高風險。如何查詢你投資的債券基金信評比例，在第五章有完整說明。

BBB等級以上債券投資佔比高，就會被視為投資等級債券基金

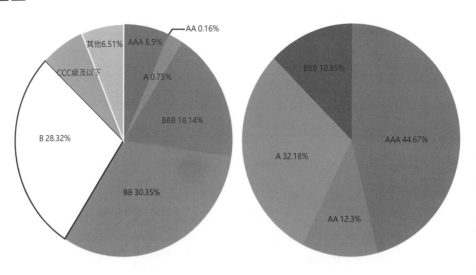

聯博高收益債基金 資料日期：2017年12月31日　聯博全球債券基金 資料日期：2017年12月31日

資料來源：Bloomberg；資料日期：2009／10／14

所以，信用評等代表了發行債券企業或機構的財務健康狀況，信用評等低，可能帶來違約率升高的問題。

就像我們不會隨便借錢給信用堪慮的親朋好友一樣，債券發行者的財務體質決定了違約風險的高低；也就是說，信用品質越好的公司或國家，倒帳風險低，違約的機率也較低！優質企業所發行的債券：投資級公司債正是信用品質優良的企業所發行的債券，是違約風險相對較低，又能反應企業營運狀況的一種債券。

具體說來，哪些企業是投資等級呢？許多大家耳熟能詳的公司，如IBM、奇異（GE）、英特爾（Intel）、高盛證券及摩根大通等，這些公司分別擁有AA+到A之間不等的評等。

▌借錢跑路——什麼是債券違約率？

如以上所述，信用評等愈低，表示還不出本金、甚至利息的機率越高，最常見的例子就是當房東租房子給房客，繳房租的時間開始不準時了，若不準時的時間愈長，代表房客的財務狀況可能出現了問題，長久下來收不到房租的糾紛事件就層出不窮。

違約率可視為配息債基金的基本面，若二分法來說，公司財務獲利

體質代表了公司的按時還款能力，通常高收益債投資的發行公司多屬財務獲利體質較弱，相對還款能力會比投資等級債券不確定性高。

也就是說若大環境景氣趨緩，甚至轉差，金融體系資金緊縮，量化寬鬆政策轉為緊縮，企業放款標準更嚴格及放款利率走升，都有可能提高相關債券的違約率。

█ 什麼是債券匯率風險

小王買了一檔美元計價的高收益債券基金，每個月配息相當於新台幣 8,000 元，對小王來說是額外加薪的驚喜，可以讓他存下一筆錢，當做每月繳交長照險保費的預算，不過，最近小王看了一下配息明細，眉頭一皺，怎麼足足少了 500 元呢？

後來看了一下對帳單，基金淨值沒什麼變啊，原來是美金兌台幣的匯率從當初買的 31 元，貶到 29 元，匯兌損失跌了將近 6%，也影響到他的配息金額。

小王心想，早知道，他就買新台幣計價的高收益債券基金就好了。乍聽之下，似乎很有道理。不過，仔細想想，一檔配息債券基金大多投資約 5 百到千家來自不同國家的投資標的，每個國家的貨幣兌換新台

幣的價值不同。

　　所以，就算是用新台幣計價，仍然會有匯兌成本及損益的發生。再者，匯率變動是由各國央行為維持經濟的穩定進行調控，參考的變數多、範圍大。不容易被預測。

　　所以，建議計價幣別的挑選原則除了挑選長期波動較小的強勢貨幣，例如：美元為核心，也可以透過計價幣別的投資配置來提高整體投資報酬率，這部分說明請參考第六章配息債券基金的超額獲利心法。

　　債券流動性風險，是指投資人可按照自己需求時點和市場狀況，可以隨時賣出債券，收回本息的彈性大小。簡單來說，也可以說是投資能以當前市價賣出的難易度。

　　以債券型基金來看，持有的債券如無特殊情況，大多持有到期，持有期間賣出的機率較低。當流動性風險發生時，若因為投資人大量想贖回基金，基金公司必須在市場上用更低的價格賣出債券變現贖回給投資人，導致基金淨值的下跌。

▎債券不是定存，簡單判斷債券風險反轉的指標訊號

用借錢的概念來說明這麼多專有名詞，不知大家開始了解債券（借錢）的潛在風險在哪裡了。最棒的是，當我們了解風險在哪裡，我們接下來只要知道怎麼避開風險就好了。

我們用以下節錄自2018年3月30日聯合報新聞來更具體的了解債券的風險在哪裡，標題這樣寫著：「特斯拉股債雙跌，籌資更難」，經濟日報新聞報導內文摘錄如下：

特斯拉將於下周公布第1季Model 3交車數量，一翻兩瞪眼的時刻再度來臨；股價兩天內重挫15%，舉債利息成本也逼近8%，都嚴重打擊特斯拉的籌資能力。

特斯拉曾說，預期第1季底時每周Model 3平均產量已提升到2,500輛，但分析師依據調查及用戶領牌數據指出，實際產量仍低於公司預期。

目前特斯拉股價比華爾街平均目標價329.92美元低達77%，只比2016年12月的低80%稍好。空方正持續累積籌碼，空單部位已經逼近在外流通總股數的25%，為2017年5月底來新高。

債權人也對特斯拉執行長穆斯克翻臉,面額每單位1美元的債券已跌到只剩0.86美元。

鑽石山投資集團指出,特斯拉「一天比一天糟」,「完全是處於惡性循環,大家都非常擔憂」;估計公司債殖利率必須升到10至12%,才可能吸引投資人進場。

穆迪投資人服務公司分析師克拉克指出,特斯拉不僅今年需籌到20億美元以上的資金來燒,且2019年還有約12億美元的舊債到期。穆迪對特斯拉無擔保公司債的評等是Caa1,比「投資級」低七個等級。

以上的新聞,提到的就有信用評等、殖利率、違約率發生的可能訊號,所以,導致特斯拉若要發行公司債,則有相對的募資難度。

簡單判斷配息債券基金的風險:

在每次投資理財講座中,最常被人問到的是現在要買什麼投資標的外,另一個最常被問到的問題就是,那我何時該賣?我很喜歡被學生問到這個問題,因為,這代表了投資人對風險的意識強或弱。

可喜的是,配息債基金的標的屬性,具有長期穩健,波動度比股市低,風險指標比較明確的特性。除了類似全球性的金融風暴所帶來連

61

債券都無法避開的巨大風險外，以聯博全球高收益債券基金淨值走勢來看，在2008年金融風暴的淨值（不含配息）跌幅約44%之外和全球股票型基金淨值跌幅約62%波動幅度相比，雖略少，但仍是相當大的風險。至於。其餘時期的淨值波動則相對來的穩健。

所以，除了類似1997年金融風暴、2003年SARS法定傳染病及2008年金融風暴所帶來的系統風險時，需考慮賣出之外，配息債基金的長期持有、波動度低的特性，的確特別適合提早退休的族群做為主要投資配置工具之一。

由上述舉例可知，配息債基金的相關風險大多和景氣循環有相當大的關連性，我們只要能小心謹慎判斷，留意景氣循環帶來的企業信用循環轉折（見P64），企業的信用評等會隨景氣周期循環。景氣好時，違約率降低。進入景氣循環未過熱階段，企業開始大量借貸，信用風險拉高。一旦景氣出現反轉，導致信用破產可能性增加，連帶

> **什麼是系統風險 (Systematic task)：**
>
> 　　系統性風險 (Systematic risk) 又稱市場風險或不可分散風險，足以影響所有資產、無論怎樣分散投資也不能消除系統性風險，足以影響整個市場的風險。例如：戰爭、自然災害、能源危機。

資料來源：安聯投信整理 2017/12

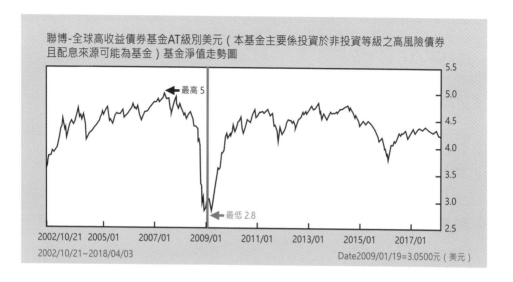

聯博-全球高收益債券基金AT級別美元（本基金主要係投資於非投資等級之高風險債券且配息來源可能為基金）基金淨值走勢圖

資料來源：MoneyDJ

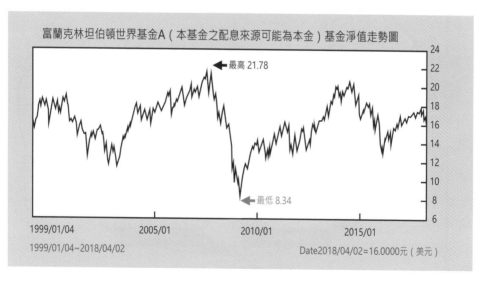

富蘭克林坦伯頓世界基金A（本基金之配息來源可能為本金）基金淨值走勢圖

資料來源：MoneyDJ

違約率也升高，在經過一段時間大規模的企業信用違約、破產的情況發生後，景氣開始再次復甦。再度進入違約率降低的新周期。所以我們只要留意景氣循環帶來的信用循環轉折，簡言之就是透過觀察違約率由低轉高的時點，就可以避開配息債基金最大的風險。

利用景氣循環階段判斷企業信用／違約風險，提升投資報酬率」

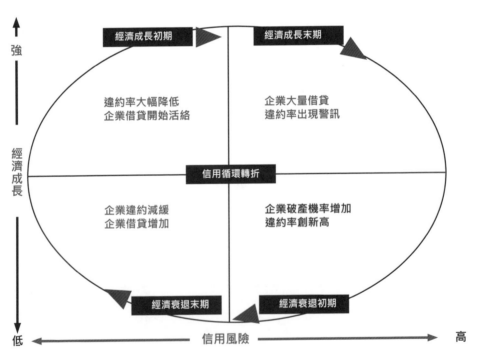

資料來源：作者整理

Chapter

3

搞懂配息債基金
正確觀念讓你賺更多

好朋友老張將近 50 歲,終於如願以償,生了個漂亮的寶貝妞,第一次當老爸的他,只想給寶貝妞滿滿的愛,猜想,若寶貝妞想要全世界,那老張應該會毫不猶豫的點頭答應吧。

也因此,老張萌生了想把現在住的房子換成大房子的目標,不過也因為剛生小孩,老婆在家帶小孩,一份收入尚可養活全家,但若要以小房換大房,那要準備的資金可能就不足了。於是老張想著想著,腦筋動到了之前買的配息債基金念頭。

心想之前有人說過買南非幣計價的配息債基金,配息會到 12 至 18%,比他原本的美元計價來的多,心想這樣應該可以讓錢快點變多?這樣的想法適合嗎?

陳小姐預計 55 歲退休,大概再 3 年就可以如願退休,享受人生了。她的退休規畫中也有配息債基金,她覺得只要配息率穩定,本金再怎麼

波動都沒關係？這樣的想法正確嗎？

有人在網路上分享借錢將近700萬，再投資相當高配息率的配息債基金年配息100萬，每年再把配息金額拿去還借來的錢，預計7年還完所有的借款。但這些做法都是聽到而不是真的已經做到。在定存利率不到1%的銀行存款下，天底下有這麼好康的事嗎？

投資配息債的資訊可以在網路上找到許多似是而非的觀念，充斥在你我隨手可得的資訊當中，如何搞懂配息債基金的正確觀念，才能讓你真的做出正確的判斷，接下來我就用一問一答的方式試著來幫助大家更快的理解正確的配息債投資觀念。

本章節後篇，再教大家可以從哪邊獲得正確的配息債訊息，而非只是網路上面流傳出來，但不知出處的馬路消息。

問：我想投資配息債基金，因為債券是低風險的投資工具

答：有很多的人把投資債券這件事想的太簡單了。所謂的配息債基金可以投資的債券種類非常的多！不是所有的債券能買，也不是所有的債券都不能買。通常升息的環境建議投資的債券是投資級公司債、高收益債、浮動利率債券。通常升息的情況下建議避開政府公債。但有專家說十年一輪迴的金融危機要來，就不要投資債券、不要利息收益，難

道要投資股票嗎？

　　除非完全都不想投資？才會沒有任何投資風險。不對，就算不投資，也有可能把錢花光光的風險。

　　所以，別以為你對大部分債券商品非常了解，那可能只是「自我感覺良好」。因為債券波動很低就把它當成是「零」風險的投資工具。任何投資都存在一定程度的風險，隨時掌握訊息。有時候人的性格直覺還能幫助我們度過投資風險，你相信嗎？

問：我買配息債基金，為的就是比定存高的配息率，淨值的漲跌不重要？

　　答：許多配息債基金標榜著高配息特性，吸引許多投資人買進，通常高配息率不等於高報酬率。因為你可能因為高配息率，同時挑選到高風險的投資標的。所以，淨值的漲跌過大代表了波動風險相對大，有可能賺了配息，賠了本金。

　　依照配息率的公式是用除息前一天的淨值除以配息金金額，也就是說當淨值跌的時候，分母變小，配息率就會拉高。白話來說，也就是我們常聽到的「逢低買進」的概念，當基金淨值下跌時，買到單位數更多，配息就會增加。所以在債券淨值低點時，逢低加碼是聰明的投資方

式。這也告訴我們，不要迷戀於配息率的高低。相對的，這可能也代表是淨值走低的訊號。

因此，除了追求穩健的合理配息率之外，總報酬率才是觀察基金績效賺不賺錢的重要指標。配息債基金的總報酬率指的是將投資人領走的息，「假設」再投資回本金裡所算出來的累計報酬率。不要只看近期熱門基金，比較同類型配息債基金1年、3年總報酬率績效會有更實質的幫助，在第四章節，我們會用「挑三揀四」法則來挑選出3年總體報酬率最佳的優質配息債基金

問：這麼說來，我就不用特別留意配息率，就只看總體報酬率就好了？

答：相反的，舉例來說，高收益債的總報酬率主要來自配息收入，若投資人期待收益來自淨值上漲的增幅，可能會希望落空，還可能賠了匯率。具體來說如何兼顧最佳報酬率和穩健的配息率才能讓以配息收入過日子的投資人安心的持有配息債。

配息債的報酬來自配息及淨值的增長

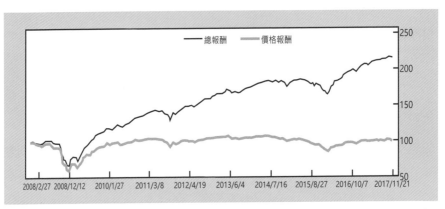

資料來源：Bloomberg, 代表指數為美銀美林美國高收益債券指數；鉅亨基金交易平台整理；資料日期：2017／11／21

什麼是年化配息率：

年化配息率計算公式為：每單位配息金額÷除息日前一日之淨值×一年配息次數×100%，基金配息率不代表基金報酬率，且過去配息率不代表未來配息率。基金淨值可能因市場因素而上下波動，投資人於配息時應注意基金淨值之變動

什麼是「當期配息率」：

「當期配息率」計算公式為：每單位配息金額÷除息日前一日淨值x100%。

配息債基金的總報酬率公式：

年度基金報酬率：指本基金淨資產價值，以 1~12 月完整曆年期間計算，加計收益分配後之累計報酬率

「當期（含息）報酬率」計算公式為：〔（當月除息日淨值＋每單位配息金額）÷前月除息日淨值-1〕x 100%

問：配息債基金既然已經比股票來的安全，是否買了就放著不用管？

答：配息債基金雖然在不同的歷史事件中證實波動風險比股票低，不過，就如第一章節提過，債券類型標的仍然躲不過金融危機帶來的虧損。所以如何適當的做好配息類基金配置，適當時機轉換，才能盡可能避開所有市場風險。

問：單筆還是定期定額買配息債基金好？

答：由於配息債基金的淨值波動比股票小的特性以平均成本的概念相較於股票，比較適合單筆購買。定期定額方式比較適合波動較大的股票型基金。例如：在年底的年終分紅獎金就很適合單筆加碼配息債基金。單筆投資挑選標的的優先條件就是選擇投資市場未來展望正向的區域，並參考第四章節的「挑三揀四」心法，就能簡單地挑選出優質有潛力的配息債基金。

但若初期資金少，可以考慮先行以定期定額方式投資股票型或平衡型基金，3年為一個周期再轉入配息債基金。定期定額因為具有平均成本的好處，淨值下跌，可以買到更多的單位數，在上漲時可以期待更多的獲利。因此，選擇波動高的區域或產業型股票型或平衡型基金，相對的報酬的勝率會更高。同樣的，在第六章會教你如何利用「定期定額」投資股票型基金的四大招。

問：基金規模是否愈大愈好？

答：配息債基金規模太大，會因此被迫去買一些他們不一定喜歡的債券。因為，當市場流動性變差的時候，買賣這類型「不喜歡」債券會變的更加困難，所以，專家建議不要挑基金規模大於整體市場約1%以上的基金，例如：全球高收益債2016年的整體投資規模約1兆7000億美元，因此若超過170億美元，可能就會造成基金經理人選標時必須犧牲掉的一些挑選規格標準。

問：投資配息債有匯率風險，那我就直接買台幣計價就好了？用什麼幣別買債好？

答：我們從一檔M＆G收益優化基金「投資人須知」裡描述的主要風險來看：「因本基金可投資於英鎊、美元及歐元面額之投資等級企業債券、高收益債券、成熟市場主權債及全球股票，為偏保守債券操作之平衡型投資組合。」由此看來，就算購買台幣計價的配息債基金，因為大多投資來自於全球不同幣別標的，所以還是會投資到不同貨幣，仍會涉及匯率風險。

由於匯率是各國央行掌控主導，為的是避免匯率波動太大所帶來國家經濟、債務與企業財務上的風險。以長期投資與退休規畫角度來看，建議以強勢貨幣美元計價為核心組合。再搭配其他貨幣為衛星來提高整體配息率。

問：還是選擇具有貨幣避險操作的基金勝算更高？

答：在投資人須知裡提到：「若一級別之股份以基準貨幣，即美元或歐元，之外的貨幣申購及贖回時，其匯率波動可能導致股東投資績效的減少或增加，因而大幅影響該貨幣級別之績效。投資經理人得藉由避險交易降低此風險。惟避險交易若不完善或只涵蓋部分投資的外匯曝險，該級別仍將承擔損益結果。當避險級別貨幣有大幅度變化時，投資人（以新臺幣為計算報酬基礎時）可能會承擔較大的外匯風險。此避險交易並不保證消除所有的貨幣風險。請注意，有關子基金中不同之貨幣級別，某一級別的貨幣避險交易可能對該子基金之其他級別之淨值產生不利影響，因各級別並非獨立的投資組合，實際投資利率以及匯率需視實際匯率為準，避險策略之利得或損失將視兩國之市場利率利差而定，將隨市場利率波動而變化，並非獲利之保證。」這麼長篇的說明，是在提醒投資人，若選擇用台幣計價配息債基金；可能會因為台幣非國際強勢流通貨幣，在交易、贖回、申購過程中，會比美元計價幣別承擔更多的匯率風險。另外，有部分配息債基金會標榜具有幣別避險機制，可以稍稍降低匯率風險之外，但並不能保證完全避開匯率風險，但仍不失為一個降低匯率風險的解決方案，通常在基金名稱裡會加入避險兩個字或者可以透過代號 H（Hedge）來判斷是否此檔基金具備計價幣別避險的特性。

問：配息債基金會配到本金，是真的嗎？

答：在購買任何一檔配息債基金，一定會有一段警語：「本基金配息來源可能為本金」。什麼是「配息來源從本金配發」，白話文就是把你自己的錢（本金）當做配息發給你，有些月配息基金，可能單次配息有50%配息來自本金，是不是很可怕。

不過，這並不代表每檔配息債基金一定會配到「原始投資本金」。本金的定義除了原始投資本金，還包含資本利得及前期未分配收益。所以，不等同配到本金就是配到原始投資本金。釐清這些觀念，對投資配息債會有更深一層的了解與安心哦。

問：如何得知我的配息債基金配息金額，是不是配到本金呢？

答：在投資人須知中提到：「基金的配息可能由基金的收益或本金中支付。任何涉及由本金支出的部分，可能導致原始投資金額減損。本基金進行配息前未先扣除應負擔之相關費用。本基金配息組成項目，包

投資人須知、公開說明書、基金月報、基金年報：

由基金公司提供，作為投資人參考基金公司營運及基金投資績效細節的重要資訊來源。除了可以透過基金公司取得以上資料。第四章節將詳細告訴您如何透過鉅亨網平台找到這些寶貴的參考資料。

括近12個月內由本金支付配息之相關資料，可於經理公司網站查詢。」
主管機關要求基金公司需在自己公司網站揭露近12個月內配息組成項
目(每單位配息、可分配淨利益／配息、本金／配息)資訊。

　　所以投資人可以直接在基金官網中查詢你投資的配息債基金是否
配息配到本金、次數及比例的相關資料。

基金配息來源

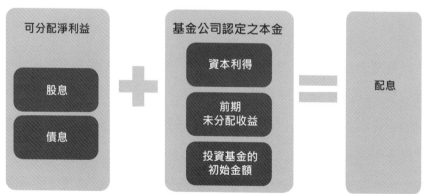

資料來源：投信投顧公會。鉅亨網投顧整理；資料日期：2017/05/18

我們可以先了解基金的配息到底是怎麼來的，由上圖可以清楚地看到基金配息主要的來源，一般分成兩部分：

1. 可分配淨利益：

主要的來源有基金標的若為投資股票產生的股利，或是投資債券所產生的債息。若投資的是平衡型基金，那就會同時分配股利及債息。

2. 基金公司認定之本金：

「本金」也是配息來源，也是最多人擔心的部分，但其實這裡的本金可拆分成3部分包含資本利得、前期未分配收益、投資基金的初始金額共3個細項，跟一般人直覺想到本金是來自於原始投資本金是不一樣的！

實務上，由於大多數公司債及股票的配息頻率大都是一年配一次息，而且每檔標的配息時間點也不盡相同。基金公司為了能提供每月穩定的配息給投資人，所以，只會配發部分的債息給投資人，而保留的債息部分仍會被計入本金。如此一來，下一次的配息時，本金提撥的比例就可能會增加。但實際上，只是基金公司將所得到的全部配息分次配發給投資人而已。

配息的先後順序為利息優先，不夠時再從未分配的收益及資本利得扣除，最後才會動用到原始投資本金。所以通常會直接配到原始投資本金的機率很低。

如果本次配息是由資本利得或未分配收益去提撥，就會被歸類到從「本金配息」，所以本金佔當次配息的比例就會提高。

問：配息組成比例，怎麼查？

現在我們已經大致上了解基金配息的來源，那在實務上該如何知道自己基金每一次配息的組成比例呢？

我們可以從基金公司官網檢視配息來源是否從本金配發及配發比例，以下透過聯博基金公司官網，來找到聯博全球高收益債基金的配息組成表，連結到聯博基金公司官網，點選「基金中心」，選擇「最新配息」、「境外基金」，點選「 ＡＡ美元」「配息紀錄」，下載配息紀錄明細下方的「配息組成詳情PDF」，下載後如下表。該檔基金約70%左右是來自於「可分配淨利益」、約30%左右來自於本金。

我們再用同樣方式進入富蘭克林官網，找到富蘭克林新興國家固定收益基金的配息組成表，發現也有將近23%的配息來自於所謂的「本金」。

聯博高收益債AA穩定月配級別美元配息組成表

月份	基金名稱	級別	每單位配息	可分配淨利益: 每單位配息	本金: 每單位配息
2017年5月	聯博-全球債券基金(基金之配息來源可能為本金)	IT級別美元	0.0335	100%	0%
2017年4月	聯博-全球債券基金(基金之配息來源可能為本金)	IT級別美元	0.0335	100%	0%
2018年3月	聯博-全球債券基金(基金之配息來源可能為本金)	SA穩定月配級別美元	0.2984	100%	0%
2018年2月	聯博-全球債券基金(基金之配息來源可能為本金)	SA穩定月配級別美元	0.2984	99%	1%
2018年1月	聯博-全球債券基金(基金之配息來源可能為本金)	SA穩定月配級別美元	0.2984	100%	0%
2017年12月	聯博-全球債券基金(基金之配息來源可能為本金)	SA穩定月配級別美元	0.2984	100%	0%
2017年11月	聯博-全球債券基金(基金之配息來源可能為本金)	SA穩定月配級別美元	0.2984	100%	0%
2017年10月	聯博-全球債券基金(基金之配息來源可能為本金)	SA穩定月配級別美元	0.2984	95%	5%
2017年9月	聯博-全球債券基金(基金之配息來源可能為本金)	SA穩定月配級別美元	0.2984	100%	0%
2017年8月	聯博-全球債券基金(基金之配息來源可能為本金)	SA穩定月配級別美元	0.2984	100%	0%
2017年7月	聯博-全球債券基金(基金之配息來源可能為本金)	SA穩定月配級別美元	0.2984	100%	0%
2017年6月	聯博-全球債券基金(基金之配息來源可能為本金)	SA穩定月配級別美元	0.3074	100%	0%
2017年5月	聯博-全球債券基金(基金之配息來源可能為本金)	SA穩定月配級別美元	0.3074	100%	0%
2017年4月	聯博-全球債券基金(基金之配息來源可能為本金)	SA穩定月配級別美元	0.3074	100%	0%
2018年3月	聯博-全球高收益債券基金(本基金主要係投資於非投資等級之高風險債券且配息來源可能為本金)	A級別歐元	0.0179	100%	0%
2018年2月	聯博-全球高收益債券基金(本基金主要係投資於非投資等級之高風險債券且配息來源可能為本金)	A級別歐元	0.0181	87%	13%
2018年1月	聯博-全球高收益債券基金(本基金主要係投資於非投資等級之高風險債券且配息來源可能為本金)	A級別歐元	0.0189	100%	0%
2017年12月	聯博-全球高收益債券基金(本基金主要係投資於非投資等級之高風險債券且配息來源可能為本金)	A級別歐元	0.0189	97%	3%
2017年11月	聯博-全球高收益債券基金(本基金主要係投資於非投資等級之高風險債券且配息來源可能為本金)	A級別歐元	0.0188	100%	0%
2017年10月	聯博-全球高收益債券基金(本基金主要係投資於非投資等級之高風險債券且配息來源可能為本金)	A級別歐元	0.0187	100%	0%

配息組成項目				
股份類別	月份	每單位配息	可分配淨利益+配息	本金+配息
美元 A(Qdis)股	2017年4月	0.360	78%	23%
美元 B(Qdis)股	2017年4月	0.318	60%	40%
美元 A(Mdis)股	2017年4月	0.072	81%	19%
美元 B(Mdis)股	2017年4月	0.071	59%	41%
澳幣避險 A(Mdis)-H1股	2017年4月	0.065	83%	17%
美元 A(Mdis)股	2017年5月	0.073	81%	19%
美元 B(Mdis)股	2017年5月	0.071	59%	41%
澳幣避險 A(Mdis)-H1股	2017年5月	0.065	88%	12%
美元 F(Mdis)股	2017年5月	0.022	64%	36%
美元 A(Mdis)股	2017年6月	0.073	77%	23%

投資於非投資等級之高風險債券且基金之配息來源可能為本金

問：看來大多數的配息債基金都可能配到本金，代表我投資原始本金會愈來愈少？

答：所以配息是否配到「本金」，其實不是真正的獲利關鍵。真正的獲利關鍵來自於基金的總報酬率，簡單來說就是含息報酬率。若配息債基金過去3年總報酬率愈接近3年累積配息率。那就表示該檔基金應該沒有配到你的投資原始本金。所以，千萬別真的被配息配到本金嚇了一大跳，在第四章節會教你一步步如何用「挑三揀四」法則，簡單地挑出高配息高總報酬率的優質配息債基金。

問：我還可以省下什麼成本？管理費率不等於實際費用率？

答：在基金簡介裡大多會告訴投資人該檔基金的管理費比例，一般平均是一年約0.8%至1.5%左右。不過你可能容易忽略管理一檔基金，除了管理費之外，還有其他費用如保管費、行政費用、轉換費用、其他費用。若僅看管理費，可能會容易失真。一般配息債基金合理費用率大約是在每年1.5%至1.8%上下。舉例來說：某檔基金的配息率6%，管理費1.2%，但費用率高達每年3%，表示部分報酬可能會被高費用率吃掉，也可能暗指該檔基金的標的轉換次數過於頻繁。在第四章節中會教你如何透過鉅亨網查詢基金歷年費用率明細。

安聯收益成長基金歷年費用率

六、最近五年度各年度基金之費用率：					
年度	2013	2014	2015	2016	2017
AM 穩定月收類股(美元)	1.51%	1.55%	1.55%	1.55%	1.55%
AT 累積類股(美元)	1.57%	1.55%	1.55%	1.55%	1.55%
AM 穩定月收類股(澳幣避險)	1.52%	1.55%	1.56%	1.55%	1.55%
AM 穩定月收類股(歐元避險)	0.65%	1.56%	1.55%	1.55%	1.55%
IT 累積類股(美元)	0.08%	0.85%	0.85%	0.85%	0.85%
AM 穩定月收類股(南非幣避險)	NA	NA	1.57%	1.55%	1.55%
AM 穩定月收類股(紐幣避險)	NA	1.55%	1.55%	1.55%	1.55%
AM 穩定月收類股(港幣)	0.91%	1.55%	1.55%	1.55%	1.55%
PM 穩定月收類股(美元)	NA	0.91%	0.90%	0.89%	0.89%

註：費用率：指由基金資產負擔之費用占平均基金淨資產價值之比率。(如：投資經理、管理機構及保管機構等費用、營運開支及其他費用等)

貝萊德股票入息基金歷年費用率

六、最近五年度各年度基金之費用率：(在臺銷售之所有級別分別列示)						
年度	級別	102	103	104	105	106
費用率	A2 美元	1.83%	1.81%	1.82%	1.82%	1.82%
	A6 美元(穩定配息)	N/A	1.84%	1.84%	1.82%	1.82%
	A8 幣別穩定月配息股份-澳幣	N/A	1.81%	1.84%	1.82%	1.82%
	A8 幣別穩定月配息股份-紐西蘭幣	N/A	1.81%	1.84%	1.82%	1.82%
	Hedged A2 歐元	1.83%	1.81%	1.83%	1.82%	1.82%

什麼是費用率：

　　指由基金資產負擔之費用占平均基金淨資產價值之比率。(如：交易直接成本—手續費、交易稅；會計帳列之費用—經理費、保管費、保證費及其他費用等)

問：有很多投資情報，買基金時看不到，我可以去哪找到簡單易懂的投資訊息？

答：是的，建議投資人在購買配息債基金時，可以透過以下3種方式來掌握基金公司的市場情報變化及投資看法

1. 訂閱你買的基金公司 line 生活圈：

line的即時通訊功能可以提供基金配息主動通知、基金經理人影音簡報、最新基金投資報告。通常購買配息債基金前就可以先行訂閱該基金公司line生活圈，訂閱方式大多在基金公司官網首頁最下方。我通常會用這個管道來獲取我投資的基金經理人他們的影音訪談，這樣的訪談中，通常會很明確知道我投資的該檔基金現在的投資重點，以及接下來他們要做的事，幫助很大。

2. 訂閱／下載鉅亨網 APP 和 line 生活圈：

透過每天早上主動發送的市場新聞訊息，可以即時幫你整理前一天市場發生了什麼事，並且媒體本身對該事件相對應的看法。現在更多了直播影片，隨時邀請專家討論國際發生的方式。如此一來我們可以對照基金公司的看法再客觀的比對媒體的資訊，讓投資人能更全面的掌握即時重大訊息。另外，鉅亨網APP也提供了自選基金標的追蹤功能。你大可以挑選幾支觀察中的配息債基金，追蹤多檔基金的波動變化。

例如：中美貿易戰這樣的重大新聞時，該檔基金隔天淨值的變化如何。都可以幫助投資人篩選基金。我曾用這樣的觀察方式淘汰了一隻波動大於同類型基金的生技產業基金。

3. 從基金月報檢視你的債券投資組合細微變化：

通常基金公司的基金月報裡會提供市場評論基金展望債券市場相關指標的變化，如下文。還會提供市場評論與基金展望。

摘錄自聯博基金月報中對「基金展望」的一段評論：「投資團隊持續以高收益債、證券化資產、新興市場主權債以及新興市場貨幣等投資工具，增加境外 聯博－全球高收益債券基金 （本基金主要係投資於非投資等級之高風險債券且配息來源可能為本金）與境內聯博全球高收益債券基金 （本基金主要係投資於非投資等級之高風險債券且配息來源可能為本金）之風險性資產的佈局，突顯了聯博的操作彈性。因為投資團隊能不受地理區域或產業類別的限制，在市場中尋找最具投資價值的標的。

聯博認為，全球經濟持續復甦可望支撐債市表現，聯博整合全球團隊資源，評估不同因素對債市之影響，進而採取對投資組合最有利的策略。」由此文章看出在聯博基金加碼非投資等級債券的持股比例。

Chapter

4

教你簡單挑、聰明揀
配息債基金的必勝絕招

　　講了無數堂課，課後學員會來問一些個人的投資理財問題，經常被問到的是到底要買哪一隻標的，每當這個千篇一律的問題出現時，我總會打量一下這位提問問題的朋友，揣測學員是什麼心態在問問題。是想知道買哪一隻穩賺不賠的投資標的？

　　靠老師報的明牌一夕致富，省事不用花時間了解投資標的？其實，真實的想法是擔心這樣的問題反而會買到不適合自己的投資標的，也許，換個角度問，可以在問問題之前，提出自己現在大概是什麼財務狀況及理財需求，想投資哪類的標的，不知道適不適合？可否請老師給些建議？看到這裡，投資人也可以趁這機會問問自己，是不是也是這樣在思考投資的問題？

　　我的經驗告訴我大多數人問這類問題的心態大多是投機心態或者是還不知怎麼投資的投資新手。所以，在此告訴大家，通常問這樣問題得到的答案大多容易是危險。因為問到的標的，通常都會有賞味期限。

若不能徹底了解標的的性質，可能會因為不了解風險屬性或該注意什麼市場變化，而不知後續該如何反應，反而結果不如預期。

雖然這麼說，但大多數人一定還是會希望有個比較簡單又聰明的配息債基金挑選方式或工具，減少繁瑣的研究時間或者是道聽塗說帶來的錯誤判斷。

所以，本章節將提供你可以在哪裡買到配息債基金的管道，和比較這些管道的差異。再用我常用且將會是未來趨勢的線上交易智能平台，教你一步步的上手「簡單挑」、「聰明揀」配息債基金。

▌我該去哪兒買配息債基金

目前可以購買配息債基金的通路非常多元。除了銀行、投信／投顧公司、證券公司及這幾年投資規模成長迅速的保險公司之外，新型態的線上交易智能平台也是全新的選擇之一。建議投資人可以依照自身的需求，來選擇購買的投資通道。

過去經驗，目前最多人購買配息債基金的投資管道大多還是來自於銀行、郵局、投信／投顧、甚至證券機構等金融機構，大部分的理由是有實體機構及專人可以詢問，比較信任。以下整理了一份各通路比較

表，提供給投資人參考，傳統通路大部分的人都耳熟能詳，相關的資料也容易取得，本章節就不多做著墨。

購買配息債全通路比較表

購買管道	優勢	缺點
智能基金 交易平台	・申購手續費成本低 ・提供較多投資管理線上資源	・線上開戶程序不便民 ・相關交易功能／投資建議機制尚未成熟
銀行	・據點多，選擇多 ・專人／理專協助	・相關費用名目較多 ・每年約0.2%信託管理費
投信公司	提供專業服務	只能賣自家基金
投顧公司	提供專業服務	產品線較少
證券公司	投資股票，方便性的另一種選擇	・只是股票投資的另一選擇 ・專業服務少，多是證券營業員提供諮詢服務
保險公司	・單一帳戶管理 ・可指定受益人 ・兼具保障功能 ・轉換次數有優惠	・產品線少 ・初期投入手續費較高

資料來源：作者整理

　　不過，由於未來金融科技的興起及投資市場的變化及風險趨劇。近年來，透過保險公司及線上交易平台買配息債基金的投資人也愈來愈多。特此，我們針對這兩個可以購買配息債的交易平台管道，做詳細介紹。

線上基金交易智能平台新趨勢：基金平台界的 IKEA

　　線上交易智能平台，大家可以把它想像成 IKEA 大型傢俱賣場，進入賣場後，沒有業務員主動上前推銷，採自主挑選，自行組裝外，又提供了安裝組裝教育和裝潢建議樣品提供參考。

　　也因為少了人事成本。所以，交易手續費較低。唯一和大賣場不同的是，線上交易智能平台是 24 小時營業，而且逛智能平台的目的是為了賺錢而不是花錢哦。

　　鉅亨買基金線上交易平台：

　　鉅亨買基金銷售平台 anuefund.com 是鉅亨網投顧的基金銷售平台，為投資人提供理財顧問諮詢，以及境外基金網路交易服務。此平台最大的特色是擁有知名鉅亨網媒體的豐富投資資訊及全方位的全球市場研究報告。該平台提供了由鉅亨網投資分析團隊鉅亨「360 精選」基

金，讓新手也能輕易上手。

　　本書將會以鉅亨網的市場資訊及基金交易平台做為教學範本，教大家如何簡單挑選及搞懂配息債基金的揭露訊息。

鉅亨買基金銷售平台 anuefund.com 最大的特色是擁有知名鉅亨網媒體的豐富投資資訊

鉅亨360精選	高收益債券	新興市場債券	全球靈活債券	歐洲股票	中國股票	股票型	債券型
基金代碼	基金名稱	計價幣別	淨值(日期)	一年▼	二年	三年	立即申購
B16192	景順日本小型企業基金A-年配息股 美元	美元	22.7000(04/06)	39.96%	96.01%	88.17%	單筆 定額
B53001	瑞萬通博-中國領導企業基金C(美元)	美元	273.8500(04/06)	39.84%	106.33%	66.56%	單筆 定額
B23201	施羅德環球基金-亞洲優勢A類股份-累積單位	美元	20.1035(04/06)	28.46%	74.12%	45.37%	單筆 定額
B19109	瑞銀(盧森堡)-全球新興市場精選股票基金(美元)	美元	163.9200(04/05)	28.43%	75.26%	43.59%	單筆 定額
B09020	貝萊德美國增長型基金A2美元	美元	20.5900(04/06)	24.54%	58.84%	43.88%	單筆 定額
B19107	瑞銀(盧森堡)-巴西股票基金(美元)	美元	74.6100(04/05)	15.20%	115.40%	37.24%	單筆 定額
B06237	法巴百利達俄羅斯股票基金C(美元)	美元	102.1300(04/06)	14.91%	79.93%	68.96%	單筆 定額
B06261	法巴百利達全球新興市場精選債券基金C(美元)	美元	228.5600(04/05)	9.66%	23.23%	11.75%	單筆 定額
B09324	貝萊德全球股票入息基金A2美元	美元	13.7800(04/06)	9.30%	27.50%	16.12%	單筆 定額
B20073	安聯收益成長基金-AM穩定月收類股(美元)	美元	9.0400(04/06)	8.10%	31.20%	17.94%	單筆 定額

資料來源：晨星，由鉅亨網提供，基金績效截至03/29。

　　基富通證券股份有限公司：

　　基富通證券股份有限公司(以下簡稱「基富通」)是臺灣集中保管結算所及櫃檯買賣中心為創始股東，並結合34家國內外資產管理公司成立。相對於鉅亨網，基富通平台較具有半官方的色彩。基富通基金交易

平台的特色，提供了智能理財工具市集，讓投資人可以一步步智能分析基金的類別與相關比較。

富基通提供智能理財工具平台，方便投資人選擇投資工具

資料來源：富基通

　　這兩個線上平台，挾帶著他們線上交易成本低廉的優勢，多提供了高折扣申購手續費，甚至殺到零元折扣。以歐美如雨後春筍般成立的線上金融理財服務，未來應該可以預見國內線上交易平台也會跟上，提供投資人更多元的選擇。

實體金融機構與線上交易智能平台大 PK ── 人類理專大戰理財機器人，一部真實的紀錄片正在上映

　　史上最強大腦？自從人工智慧 AlphaGo 擊敗世界級棋王，聲名大噪後。甚至進化版的 AlphaGo 在自我學習下，更打敗了舊版的 AlphaGo，著實讓人思考人工智慧（AI）的時代是否真的很快就會實現？不禁讚嘆人類科技文明的進步神速外，我想這時，很多人都會出現電影「魔鬼終結者」阿諾毀滅世界的驚恐畫面吧!!

　　若您還在擔心機器人可能取代人類，那麼你可能更要知道，2017年11月15日中國大陸科技部宣布開放首批 AI 創新四大平台，分別是

#百度公司建設自動駕駛新一代人工智能開放創新平台

#阿里雲公司建設城市大腦新一代人工智能開放創新平台

#騰訊公司建設醫療影像新一代人工智能開放創新平台

#科大訊飛公司建設智能語音新一代人工智能開放創新平台

　　你可以想像未來的中國可能就是一顆 "AI in All" 的超級大腦。就以目前國內各大金控悄悄地在 2018，摩拳擦掌地布局自家的理財智能平台，也是深怕一個閃失，可能就失去了贏得先機的機會。可以斷定未來將是金融理財服務智能化的精彩時代。（我們一起拿板凳坐下來看好戲哦……）

再說到將人工智慧運用在金融的話題，應該屬機器人理財，在大陸初估可能已有20多家的機器人理財公司。國內似乎目前還沒有正式公開的機器人理財金融服務，勉強可以沾的上邊的就屬於鉅亨網和基富通兩大基金投資平台。

　　什麼是機器人理財？一種人工智慧與金融的結合，透過線上用戶平台，由客戶給予財務狀況、投資目標和風險承擔的喜好，再利用量化投資模組，結合智慧算法，甚至深度學習來為客戶制定一套合適的投資組合建議。

機器人服務示意圖

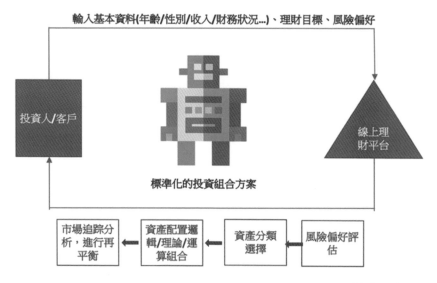

資料來源：作者整理

91

機器人理財是否會勝過理專？舉幾個未來場景，看看是否能打動你？

A.我願意把我的個人資產甚至負債都告訴機器人，但對理專，我會有所保留。

B.我相信理財機器人會給我適當的投資建議，因為機器人不需要額外的佣金，但理專有可能會在商品和佣金中做出魔鬼選擇。

C.因為少了中間的人事成本，選擇理財機器人，我的買賣及交易成本應該會比較低。

D.理財機器人可以透過邏輯運算及深度學習來避免投資錯誤，但理專的時間和經驗畢竟有限，犯錯的機率會比較高？（至少機器人不會累，而且可以24小時掌握投資狀況）

若你認同以上的舉例，那麼你就可能會願意考慮用理財機器人來幫你理財。若您問我的想法，我的回答是我會給理財機器人服務的機會。

你呢？若還在害怕未來機器人可能取代人類，毀滅世界。那不妨透過以上的情境來思考一下。若未來我們真的得和機器人共存，那麼如何

利用人工智慧協助我們創造更多財富，實現更多夢想，創造更優質的未來生活。

保險公司也可以買到配息債：

保險公司在2008年金融風暴後，投資保單契約從2007年當年度新契約保費4,650億元，隔年幾乎腰斬一半，乏人問津後。一直到2018年又起死復生，光一月單月就比去年同期成長了近254.3%。這其中，配息型商品的確功不可沒。也顯見，現代投資人除了對投資穩健需求外，可以提供額外成本較低的保險保障需求，也是投資型保單熱賣的原因之一。

投資型保單歷年新契約保費收入

年度	投資型新契約保費	當年度整體新契約保費	年度	投資型新契約保費	當年度整體新契約保費
2002	80	2,633	2010	1,557	11,620
2003	834	3,442	2011	1,885	9,951
2004	1,534	4,462	2012	2,013	11,904
2005	2,082	5,409	2013	2,595	11,063
2006	2,522	5,246	2014	3,493	11,697
2007	4,650	7,519	2015	3,460	11,863
2008	2,991	8,553	2016	1,966	12,705
2009	1,684	9,251	2017.11	3,610	11,456

資料來源：壽險公會　　　　　　　　　單位：億元　　製表：彭禎伶

資料來源：工商時報 2018 年 1 月 7 日

2018年元月壽險新契約保費情況

保單類型	新契約保費（億元）	與去年同期相比
傳統壽險	78.8	-74.5%
利變壽險	640.3	-10.5%
利變年金	89.9	+6.9%
投資型保單	666.4	+254.3%
傷 害 險	9.6	-5.7%
健 康 險	31.0	-0.1%
整體新契約保費	1,518.4	+13.1%

資料來源：壽險公會　　　　　　　　　　　製表：彭禎伶

資料來源：工商時報，2018 年 2 月 25 日

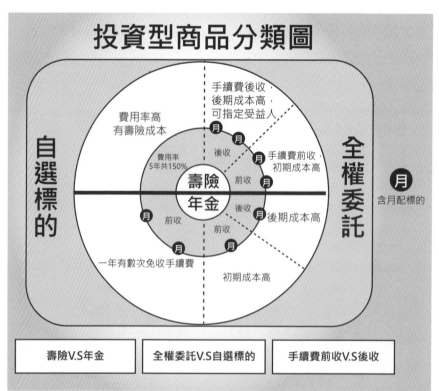

投資型保單保費結構

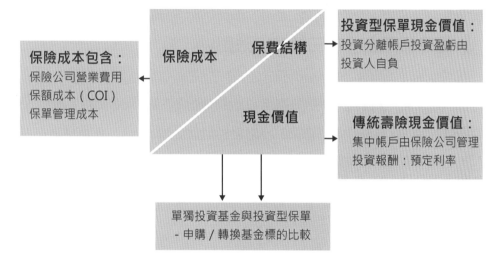

保險成本包含： 保險公司營業費用 保額成本（COI） 保單管理成本	保險成本　保費結構 現金價值	投資型保單現金價值： 投資分離帳戶投資盈虧由 投資人自負 傳統壽險現金價值： 集中帳戶由保險公司管理 投資報酬：預定利率

單獨投資基金與投資型保單
- 申購／轉換基金標的比較

定期定額投資基金	資產配置	投資型保單定期定額
境內基金：最少3000元／一檔 境外基金：最少5000元／一檔		境內／境外基金：最少2000元 不限金額不限投資標的檔數

單獨投資基金	轉換管理成本	投資型保單
・轉換基金需轉換費用 ・買賣基金對帳方式獨立， 　整合度較低，分析難度高 ・申購手續費較低		・一年之內數次免費轉換基金 ・單一帳戶概念，所有績效整合 　較易分析、管理 ・申購手續費較高

單獨投資基金	資產移轉	投資型保單
・按民法順位繼承，無法指定 　受益人		・可指定身故受益人 ・提供壽險／年金的保障功能， 　避免死得早／活太久風險

資料來源：作者整理

▌配息債基金「挑三揀四」法則

接下來，在機器人理財的環境和平台尚未成熟前，我藉由對金融科技（FinTech）市場有強列企圖心，積極佈局智能投資平台——鉅亨網，教大家一步步地「簡單挑」、「聰明揀」的配息債基金挑選法則，供各位參考。試驗了多檔基金，在變化多樣的市場狀況下，的確不失為是個簡單又安全的挑選優質配息債基金的好方法。

接下來，就讓我們一起跟著本章節，打開電腦連上網路，動手來操作看看，一步步學會如何挑選優質的配息債基金吧。

「簡單挑」配息債基金法則：兩大關鍵及 3 步驟

1.找到目標組別基金的合理配息率：

透過債券基金搜尋器，找出現階段的目標組別基金的合理配息率，就如第三章提到配息率的計算公式和投入當下的淨值高低有關。所以我們透過平台中的「債券基金搜尋器」來篩選合理的配息債基金配息率及標的。

2018年各類別配息債參考殖利率

債券種類	參考殖利率
美國公債	2%
高收益債	6.8%
新興市場債	5.1%
投資等級公司債	2.5%

資料來源：作者整理

2.透過評比工具在合理配息率下找出入圍的３檔優選配息債基金

接著，我們以人氣居高不下的高收益債基金挑選過程舉例說明。

「簡單挑」Step 1. 連上智能平台簡單選配息債基金：

我們先來挑選高收益債基金，連結到鉅亨網首頁http://cnyes.com，點選選單中「債券專區」

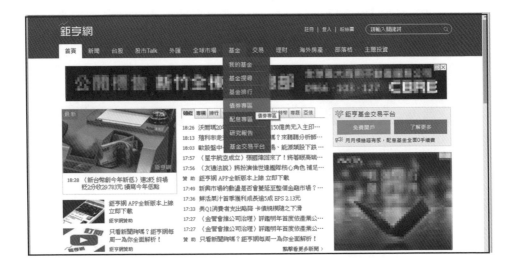

「簡單挑」Step 2. 從債券專區中點選「債券基金搜尋器」

「簡單挑」Step 3．設定主要的基金需求條件

因為我們輸入搜尋條件參數：「計價幣別」：美元、「基金組別」：全球市場／高收益債券、「配息頻率」：月

「聰明揀」配息債基金法則：兩大關鍵及 4 步驟

「聰明揀」配息債基金的兩大關鍵：

1.了解挑選該檔配息債基金的風險程度多大

所投資的債券基金是否有很大比重投資於高風險的國家或債券？是否投資很多的非投資級債券，而存較高的違約風險？

2.追求長期穩健的原則下，挑選的該檔基金表現如何？

在完整利率變動循環下，此檔債券基金的表現如何？市場高度波動下，此檔基金的績效表現是否也高度變動？

「聰明揀」Step 1. 利用評比工具揀出 3 檔優質基金

點選「年化配息率」，由高至低進行排序，從蒐尋條件中找到一支晨星評級四顆星及兩支三顆星以上的高收益債標的，從下圖中，分別是聯博全球高收益債券基金 IT、BA（穩定月配）及 AA（穩定月配）類型，我們先把 IT 類型不列入考慮。因為，代碼 "I" 最低首購金額是 100 萬美元（參考下表），相當於 3,000 萬台幣。如此一來，可以鎖定兩檔基金來做比較。

基金類別代號

	A	B	I	S
最低首次申購金額	2,000美元／2,000歐元或等值貨幣		100萬美元／100萬歐元或等值貨幣	2,500萬美元／2,500萬歐元或等值貨幣
最低後續申購金額	750美元／750歐元或等值貨幣		無	無
各基金公司的基金代號大同小異，詳細內容請參考基金公司公開說明書				

資料來源：摘錄自聯博公開說明書

由配息率高的標的中選擇評級高者

基金名稱（幣別｜配息頻率）	淨值▾（日期）	一年 ⬍ 績效▾	基準日▾ 配息日▾	配息金額▾ 年化配息率▾	晨星評級▾ 申購
NN（L）環球高收益基金Y股對沖級別美元（月配息）（美元｜月配）	203.3200 2018/04/05	+1.26%	2018/03/01 2018/03/02	1.4500 8.41%	★★★★★
NN（L）環球高收益基金X股對沖級別美元（月配息）（美元｜月配）	211.0100 2018/04/05	+2.28%	2018/03/01 2018/03/02	1.4900 8.34%	★★★★★
聯博–全球高收益債券基金BA（穩定月配）級別美元（美元｜月配）	11.8600 2018/04/05	+2.38%	2018/02/27 2018/02/28	0.0831 8.27%	★★★★★
NN（L）環球高收益基金Y股美元（月配息）（美元｜月配）	189.4400 2018/04/05	+4.86%	2018/03/01 2018/03/02	1.3200 8.23%	★★★★★
聯博–全球高收益債券基金AA（穩定月配）級別美元（美元｜月配）	12.4400 2018/04/05	+3.38%	2018/02/27 2018/02/28	0.0862 8.18%	★★★★★
NN（L）環球高收益基金X股美元（月配息）（美元｜月配）	82.9800 2018/04/05	+5.90%	2018/03/01 2018/03/02	0.5700 8.13%	★★★★★
聯博全球高收益債券基金–TA類型（美元）（美元｜月配）	12.9100 2018/04/02	+2.13%	2018/02/26 2018/02/27	0.0870 7.92%	★★★★★
聯博–全球高收益債券基金IT級別美元（美元｜月配）	13.2500 2018/04/05	+3.95%	2018/02/27 2018/02/28	0.0759 6.79%	★★★★★
聯博–全球高收益債券基金I股（美元｜月配）	4.2400 2018/04/05	+3.93%	2018/02/27 2018/02/28	0.0242 6.78%	★★★★★

資料來源：鉅亨網

選好的兩檔標的，一檔（簡稱BA）年化配息率是8.27%，另一檔（簡稱AA）是8.18%。乍看之下，在晨星評級都是三顆星水準下，應該就可以馬上敲定首選基金就是配息率最高的聯博全球高收益債BA（穩定月配）了。當然不是，因為我們的目的是要找出安全穩健下，獲利表現更好的配息債基金。所以，我們接下來要再利用兩個步驟來挑出首選優質基金，接下來請跟我這樣做。

什麼是晨星評級：

　　為提供投資人一個全方位衡量基金績效的指標，Morningstar（晨星）根據基金的報酬、風險及費用三個面向發展出晨星星等評級（Morningstar Rating），用以呈現同組別基金風險調整後的相對表現，評級結果由最高5顆星到最低1顆星。星等評級並非用於預測基金未來績效的依據，而是衡量同組別基金過往表現的客觀指標。

「聰明揀」Step 2. 挑選三年總累積報酬率最高的基金

「總報酬」才是配息債基金的關鍵，而不是「配息率」。總報酬代表
基金淨值加回你領走的配息所計算出的報酬率。假設，你挑了2檔年化
配息率都是7%的配息債基金，但過去2年的年化報酬率A基金為6%，
B基金為 -2%，那就表示，你可能賺了配息，賠了淨值。

如果績效（總報酬）為負值，代表你賺了配息，賠了淨值

基金名稱 (幣別｜配息頻率)	淨值▼ (日期)	三年 ◆ 績效 ▼	基準日▼ 配息日 ▼	配息金額▼ 年化配息率▼	晨星評級▼ 申購
NN （L） 環球高收益基金Y股對沖級別美元 （月配息）（美元｜月配）	203.3200 2018/04/05	+6.99%	2018/03/01 2018/03/02	1.4500 8.41%	★★★★★
NN （L） 環球高收益基金X股對沖級別美元 （月配息）（美元｜月配）	211.0100 2018/04/05	+10.28%	2018/03/01 2018/03/02	1.4900 8.34%	★★★★★
聯博–全球高收益債券基金BA（穩定月配）級 別美元 (美元｜月配)	11.8600 2018/04/05	+10.63%	2018/02/27 2018/02/28	0.0831 8.27%	★★★★★
NN （L） 環球高收益基金Y股美元（月配息） (美元｜月配)	189.4400 2018/04/05	+8.00%	2018/03/01 2018/03/02	1.3200 8.23%	★★★★★
聯博–全球高收益債券基金AA（穩定月配）級 別美元 (美元｜月配)	12.4400 2018/04/05	+13.95%	2018/02/27 2018/02/28	0.0862 8.18%	★★★★★
NN （L） 環球高收益基金X股美元（月配息） (美元｜月配)	82.9800 2018/04/05	+11.27%	2018/03/01 2018/03/02	0.5700 8.13%	★★★★★
聯博全球高收益債券基金–TA類型（美元）（美 元｜月配）	12.9100 2018/04/02	——	2018/02/26 2018/02/27	0.0870 7.92%	★★★★★

資料來源：鉅亨網

「聰明揀」Step 3. 善用夏普指數，萬中選一，從同類型中挑選穩健基金

　　點選基金名稱，進入基金說明頁面，點選「風險評等」找到夏普值，可以看到聯博 BA 這檔配息債基金，夏普值是 1 年 0.81%、3 年 0.56%。而聯博 AA 這檔，夏普值是 1 年 1.18%、3 年 0.74%。也就是說在這輪「聰明揀」比賽中，雖然 BA 的配息率略高於 AA，但在同樣的風險承受度下，AA 的績效長期表現會比 BA 來的穩健。

夏普指數數字越大越好

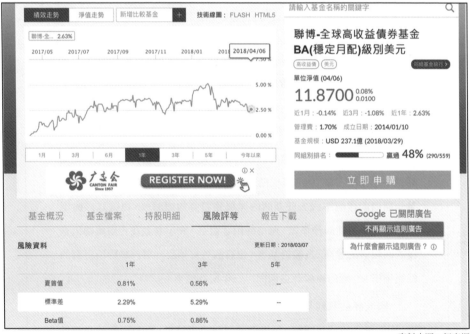

資料來源：鉅亨網

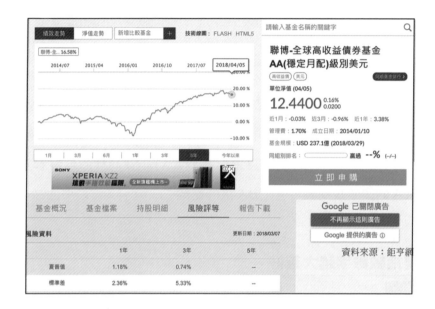

資料來源：鉅亨網

什麼是夏普指數：

　　每一單位風險所賺到的報酬，想當然爾，夏普值愈高代表基金之報酬率相對於其風險的表現越好。簡言之，可以說是操作績效愈好，若夏普值為負值就代表基金虧損的操作績效差。

　　用以衡量每單位風險所能換得的平均報酬率，夏普指標是諾貝爾獎得主夏普博士於 1960 年代所研究出來的，其算法是將股票或基金在某一期間的報酬率減去此期間的無風險證券的報酬率，再除以該股票或基金在此期間的標準差，所得的數字愈高，表示基金在考慮風險因素後的回報情況愈高，為較優基金。也意論著每承受一單位風險所得到的報酬補償；一般的風險評估期間以三年期為標準。

　　國人評估共同基金操作績效的指標，一向偏重淨值增幅的報酬率；固然基金的一切成績，最後仍是以淨值來呈現。但若衡量基金的長期投資屬性時卻不能不注意淨值波動所造成的風險。

「聰明揀」Step 4. 比對基金費用率，低費用率＝高實質報酬

經過了層層的把關，智能篩選的過程後，此時挑中的候選基金，已經是穩健安全，CP值高的標的了。那是否就此打完收工呢？不，不，不，最後一個關卡才是檢驗基金是否是真正優質的關鍵。

接下來，請在排行畫面中，點選聯博BA及聯博AA兩檔基金名稱，即可進入各基金的「報告下載」選單中的「下載投資人須知（專屬」選項，打開投資人須知檔案明細會揭露過去5年的費用率。

投資永遠不要忽視費用的問題

資料來源：鉅亨網

各位看倌發現了嗎？魔鬼藏在細節中，從下表的費用率來看BA的總費用率是2.77%，AA的總費用率是1.78%。簡單來說，若投資BA類別，投資人每一年實質投資報酬率都要被扣掉2.77%的費用率，AA類別的費用率是1.78%，若為了退休規劃長期投資，十年下來會少了10%左右的實質報酬。所以，我們得到了一檔二高二低的優質高收益債基金。這檔基金集合了總體報酬率高、基金排名高、風險波動低及整體成本低的綜合特質，太漂亮了。

2013年以來，各年度基金之費用率

年度	102	103	104	105	106
A 級別	1.78%	1.80%	1.81%	1.79%	1.77%
A2 級別	1.78%	1.79%	1.81%	1.79%	1.78%
A2 歐元避險級別	1.79%	1.80%	1.80%	1.79%	1.78%
AA(穩定月配)級別	N/A	1.80%	1.81%	1.80%	1.78%
AA(穩定月配)澳幣避險級別	N/A	1.81%	1.81%	1.80%	1.78%
AA(穩定月配)歐元避險級別	N/A	1.79%	1.80%	1.80%	1.78%
AA(穩定月配)英鎊避險級別	N/A	1.85%	1.82%	1.80%	1.78%
AA(穩定月配)南非幣避險級別	N/A	1.80%	1.80%	1.80%	1.78%
AT 級別	1.78%	1.79%	1.81%	1.79%	1.78%
AT 澳幣避險級別	1.78%	1.79%	1.81%	1.79%	1.77%
AT 加幣避險級別	1.78%	1.79%	1.81%	1.79%	1.78%
AT 歐元避險級別	1.78%	1.79%	1.81%	1.79%	1.77%
AT 紐幣避險級別	1.79%	1.80%	1.81%	1.79%	1.78%
B 級別	2.78%	2.79%	2.81%	2.79%	2.77%
B2 級別	2.78%	2.80%	2.81%	2.79%	2.77%
B2 歐元避險級別	2.79%	2.80%	2.81%	2.79%	2.77%
BA(穩定月配)級別	N/A	2.80%	2.81%	2.79%	2.77%
BA(穩定月配)澳幣避險級別	N/A	2.81%	2.81%	2.79%	2.77%
BA(穩定月配)南非幣避險級別	N/A	2.80%	2.80%	2.79%	2.77%

資料來源：鉅亨網

透過相當智能又簡單的「挑三揀四」七步驟。經過四項晨星評比、夏普指標、總報酬率、總費用率指標層層篩選過程。我們得到了一檔穩健，CP值又高的優質配息債基金。這的確是一個相當棒的挑選配息債基金的方式。現在，您也可以自行試著在電腦前用「挑三揀四」法則，試試看挑選各種不同類型的配息基金。

這時，再回想到課堂上最常被學員問到的第二個問題：「我買了配息債基金後，什麼時候該賣？什麼時候該轉換？」。

是的，這本書最棒的地方是，除了幫你釐清正確觀念，教你如何「簡單挑」、「聰明揀」的配息債基金選購方法外，下一章節還要教你如何獲取超額獲利及適當轉換標的的訊號判斷。因為，就在寫這章節時，我再試著用「挑三揀四」法則挑選高收益債基金時，BA級別的晨星評比已從三顆星掉到了兩顆星。這代表著基金的結構與市場環境一直在變化。所以，定期檢視、轉換、汰弱留強，才能踏踏實實的獲取合理的超額報酬。

Chapter 5

配息債基金的超額獲利心法坐領雙薪，提早退休不求人

▋打敗年金危機，趁早規畫，拒當中年月光族

面對退休這檔事，年輕人的回答是「還早」。因為，離自己退休的時間還很久：沒有多餘的錢規畫退休這件事。每個人生階段，都有很多想像空間與不安全感。因此在退休前後，理財規畫難免會有迷思。特別提醒在不同時期，退休規畫應該避開4大迷思。

退休前：

迷思1、離退休很遠，以後再說？

日常生活費、房貸、子女教育金，現階段支出項目多，因此排擠退休規畫的準備，而且認為退休還有20、30年，時間很長，以後再規畫也

來得及。但等到40多歲才開始買房，買保險，那麼可能會碰到成本變高，且在退休後，仍需持續負擔和退休前開銷的壓力。

迷思2、退休目標設太高，無力開始？

很多人未量化自己何時要退休、退休時希望1個月要多少生活費，或者立下太高不實際的規畫目標，導致無力開始，進而放棄。

退休後：

迷思3：不釐清收支，成為「中年月光族」？

專家估計，退休期間的基本開銷通常會比退休前少3成左右。專家建議，退休後仍需弄清楚必要開銷與退休收入的佔比。若開銷佔比過高，也容易造成退休後生活的壓力。

迷思4：認為「退休＝不必投資」？

事實上退休後仍要投資，只是要勤做功課，了解適合退休的投資工具風險、屬性與投資年期，並用閒置資金投資，就不會影響退休生活所需的花費。

▌累積你的配息收入，越快越好

常告訴年輕人，趁年少時努力工作、努力學習、努力創業，創造出自己人生最大的價值，把自己的薪資收入最大化。然後冒點風險，開始你的投資之旅，讓理財收入持續的快速成長累積。

當你的理財收入大於你的薪資收入時，那就是你的生活遊刃有餘的開始，不須只為錢工作，可以為了興趣工作，可以選擇提早退休的人生轉捩點。

分析一下現有可以產生理財（配息）收入的金融工具，假設在不同預期報酬率下，需要累積多少本金才能達到月平均3萬元左右的理財收入。為何專家大多建議錢放在銀行定存是最沒效率的，由比較表中可以看出，若報酬率（利率）愈低的情況下，需要累積的本金愈高。

以台幣定存為例，光靠定存需要累積到3,600萬本金才能月平均3萬元左右的利息。而實務上，銀行反而會對金額過高的定存戶採取較低的利率甚至拒收的可能。

回到第一章節的理財（配息）收入比較表看來，更可以清楚的看出來，配息債基金兼具了波動風險比股票小，平均配息率比大部分股票股

利／配息高的特色，在累積本金的時間效果，相當於定存六分之一、台股股利二分之一的時間。

理財（配息）收入比較表

假設目標理財(配息)收入3萬元／月				
收入來源	需備本金	預期配息率	漲跌風險	備註
台幣定存	3,600萬	1%	無	利率可能調升或調降
還本型保單 （各種幣別）	1,800萬	2~3.75%	低	匯率風險，需考慮至少需累積6年
房租收入	1,800萬	2~4%	中	需考慮找不到房客及房貸利息成本
台股股利	1,200萬	3~4%	高	報酬未考慮資本利得 目前多發放現金股利，股價波動大
全球高股息 股票型基金	900萬	4~7%	高	報酬率非保證，需考慮匯率／淨值風險
全球配息債基金 （月配息）	600萬	6~8%	中	泛指高收益／新興市場／投資等級債 配息率非保證、需考慮匯率風險／淨值風險
＊年理財收入＞年總支出＝財務自由				

資料來源：作者整理

善用配息債基金超額獲利放大招

　　既然累積配息收入愈快愈好，如何提高配息債基金的超額獲利，當然也就是能讓你加速達成目標的重要課題了。

　　接下來介紹的超實用配息債基金超額獲利放大招，將教你如何降低購買配息債基金總費用率，再透過匯率組合及洋蔥式配息類基金搭配法，提高整體配息率及總報酬率，讓你的配息債基金超額獲利，錢滾錢。

超額獲利心法一、省成本就是提高報酬，想方設法節省投資費用吧！

　　一般投資人最熟悉的是，申購配息債基金的兩大費用就是申購手續費及管理費，若是在銀行通路購買，每年還需被收取0.1％至0.2％的委託管理費。一般申購手續費大約在0.3至3％不等，而管理費大約都在1％至2％不等，這些費用都可以在基金簡介裡提到。上述費用加總一下，申購基金時的第一年就要花費約1.3％至5.2％，若配息債基金平均6至8％合理報酬率相比，居然已占了整體報酬率將近20％以上的比例，若能節省更多的費用，肯定你的超額獲利會更可觀。

　　不過，很多人不知道也不知從何查詢基金公司在操作基金管理及營

運時也會產生交易成本及營運費用，叫做費用率。費用率通常也反應了基金所持標的的交易頻繁次數，次數愈高，費用率相對也會愈高。在第四章節，教大家挑選配息債基金的步驟，能非常具體的看出同類型基金費用率的差異對總體報酬率造成的影響。

超額獲利心法二、善用不同計價幣別配息債基金配置，配息多更多

讓我們用第四章學到鉅亨網的「債券基金搜尋器」，設定搜尋條件：「富蘭克林華美投信」＋基金組別：「全球市場」＋「高收益債券」＋配息頻率：「月」。

得出在不同的計價幣別配息率也有顯著的不同，以富蘭克林華美全球高收益債券基金舉例，南非幣計價年化配息率為11.28％，人民幣計價年化配息率為7.03％、澳幣計價為5.04％，新台幣計價為4.83％，美元計價為4.75％ ,。也就是說同一檔基金不同計價幣別中，最高和最

什麼是基金費用率：

　　基金各年度內之總費用與該基金平均淨資產的比率。總費用包括投資經理費、行政及股務代理費、保管費和其他費用。

低配息率差距將近7％，綜合上一節提到的看法，若以目前兩大強勢貨幣美元搭配人民幣為核心幣別配置組合，我們可以得到如下表的結論，若考量未來退休規畫需求及匯率波動可能造成配息債基金換算台幣總報酬率波動，美元／人民幣搭配比例50：50與30：70可以讓配息率提高最佳黃金組合選擇。

善用不同計價幣別配息債基金配置

配息債基金的匯率搭配心法：（以富蘭克林華美全球高收益債券基金為例）

人民幣搭配比例	組合配息率	備註
100：0	4.75	
50：50	5.9%	適合退休進行式
70：30	5.4%	
30：70	6.3%	適合退休累積時期
0：100	7.03%	

資料來源：https：／／fund.cnyes.com／Fixedincome／search.aspx

超額獲利心法三、善用配息類基金多元配置，提高總體報酬率

投資專家傑森 茲威格Jason Zweig 提到的投資戒律說：「雞蛋容易破」，大幅波動（上漲和下跌幅度超過平均水準）的基金，很有可能長期處於不穩定狀態。

我們在第四章「挑三揀四」的配息債基金挑選心法中，已透過夏普值來挑選出同類型基金CP值最高的標的，避開了非操作水準之內的波動風險。

然而，為了獲得配息債基金的超額獲利，我們還需要問自己兩個問題：

1. 只買配息債，會不會把雞蛋都放在同一個籃子？

2. 明明現在股市看漲，我難道眼睜睜的看著股市上漲，而錯過一些額外獲利的機會

是的，如同前幾個章節所說的，配息債基金的波動程度小於股票，但若想獲得超額獲利及分散風險，加上多顆雞蛋的洋蔥式搭配法，也是一項聰明的選擇。

怎麼選擇呢？同樣的，請跟著我一起連結上鉅亨網平台中「配息專區」中選擇「平衡型基金」後，篩選出排序配息率高的平衡型基金。

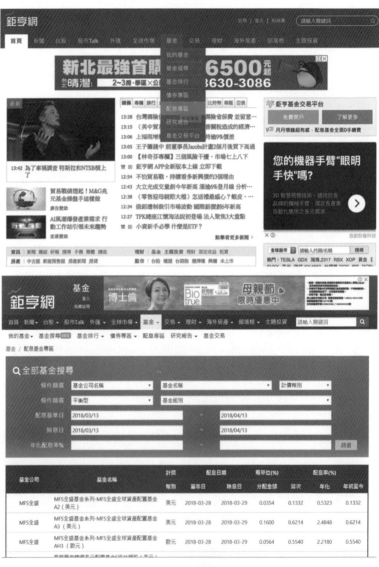

資料來源：https://fund.cnyes.com

　　再將配息率由高至低排序，從中挑出了一檔「安聯收益成長 AM 穩定月收類股美元計價」，再依照第四章節「挑三揀四」法則，確認該檔平衡型基金夏普值及費用率都在理想範圍內。同樣的，我們也用了「挑三揀四」步驟挑了一檔富蘭克林新興國家固定收益 A 月配基金，將上一章節挑選出來的聯博全球高收益債基金三者基金搭配組合後，得到以下的比較表。

　　由 3 檔基金 3 年績效走勢比較線圖來看，平衡型基金因為含有股票成份，績效波動仍大於單純債券型基金。但配息率表現不比債券型基金差。

　　我們得出以下結果，把 3 檔不同類型的搭配組合，在相同美元計

> **什麼是平衡型基金：**
>
> 　　什麼是平衡型基金？如何選擇？平衡型基金是指以既要獲得當期收入，又追求基金資產長期增值為投資目標，把資金分散投資於股票和債券，以保證資金的安全性和盈利性的基金。
>
> 　　分散投資於股票和債券的共同基金。通常當基金經理人看跌後市時，會增加抗跌性較強的債券投資比例；當基金經理人看好後市時，則會增加較具資本利得獲利機會的股票投資比例。

價幣別情況下，調整投資組合比例的結果。從下表發現，投資組合除了可以降低單一投資股票的波動風險外，還可以拉高總體平均報酬率。

投資組合加入平衡基金波動大，但是報酬佳

資料來源：https：／／fund.cnyes.com ／ detail ／聯博 - 全球高收益債券基金 AA（穩定月配）級別美元／B03％ 2C506 ／

基金名稱	基金類別	配息率	三年報酬率
甲、聯博全球高收益債AA基金	投資於全球投資及非投資等級公司債	8.18%	14.13%
乙、安聯收益成長美元AM穩定月配基金	投資美國區域股票、可轉債、特別股及高收益債	9.17%	15.61%
丙、富蘭克林新興市場債A基金	投資於新興國家的政府及機構債券	8.74%	23.88%
甲：乙：丙（1:4:5）投資組合比例		8.86%	19.60%

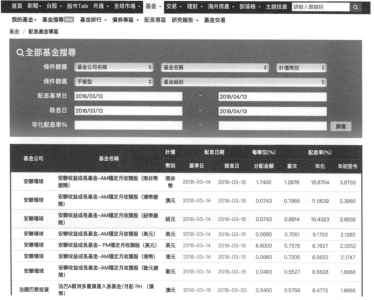

全部基金搜尋

基金公司	基金名稱	計價幣別	配息日期		每單位(%)		配息率(%)	
			基準日	除息日	分配金額	當次	年化	年初至今
安聯環球	安聯收益成長基金-AM穩定月收類股（南非幣避險）	南非幣	2018-03-14	2018-03-15	1.7400	1.2876	16.8704	3.8733
安聯環球	安聯收益成長基金-AM穩定月收類股（澳幣避險）	澳元	2018-03-14	2018-03-15	0.0743	0.7955	11.5639	2.3965
安聯環球	安聯收益成長基金-AM穩定月收類股（紐幣避險）	紐元	2018-03-14	2018-03-15	0.0743	0.8814	10.4323	2.6532
安聯環球	安聯收益成長基金-AM穩定月收類股（美元）	美元	2018-03-14	2018-03-15	0.0660	0.7051	9.1703	2.1265
安聯環球	安聯收益成長基金-PM穩定月收類股（美元）	美元	2018-03-14	2018-03-15	6.6000	0.7378	8.7627	2.2252
安聯環球	安聯收益成長基金-AM穩定月收類股（港幣）	港元	2018-03-14	2018-03-15	0.0660	0.7205	8.5622	2.1747
安聯環球	安聯收益成長基金-AM穩定月收類股（歐元避險）	歐元	2018-03-14	2018-03-15	0.0493	0.5527	6.5628	1.6666
法國巴黎投資	法巴A歐洲多重資產入息基金/月配 RH（澳幣）	澳元	2018-03-19	2018-03-20	0.5400	0.5759	6.4772	1.6956

資料來源：鉅亨網

善用美林時鐘，調整配息類基金組合配置

專家說：「投資者只憑著基金過去的績效來買基金，是一種最愚蠢的行為。」

既然，前面提到，透過匯率組合及配息類基金投資組合能降低波動風險、提高配息率及總體報酬率。那麼該如何簡單地根據市場現況與景氣循環，判斷何時適合加碼或減碼不同類別配息基金標的來調整投資組合呢？而避免單憑基金過去的績效來判斷購買什麼基金呢？

我們可以用經濟成長和利率兩項指標為兩大主軸來分類判斷現在持有的配息類投資組合是否需要做調整。簡單來說經濟成長階段，企業獲利好，違約率降低、經濟數據好轉，信用評等大多不會被降等，在利率調升以抑制通貨膨脹的環境下，可以選擇風險較高的非投資等級債券。（參考P.64）

要如何判斷公司違約到期還不出本金的可能性是否升高？高收債的發行公司多屬財務體質相對較弱者，因此，一旦經濟情勢轉差，或者銀行放款態度趨緊，就有可能導致高收債的違約率上升。

升息與降息的反轉指標

在前面章節，我們提到升息時，公債價格下跌，公債殖利率上漲。若升息是國家抑制景氣過熱及通貨膨脹的手段。那麼，投資人可以在什麼情況下簡單判斷股市反轉及垃圾債券高點的警訊呢？

這時，我們可以利用高收益債券的殖利率與十年期美國公債殖利率間的利差差距做為觀察股市反轉的指標。

高收益債券殖利率與10年期美國公債殖利率的利差是股市反轉的指標

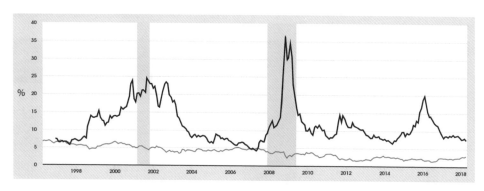

資料來源：Fred

　　灰線是美國十年期公債殖利率，黑線是美國高收益債殖利率。從線圖來看，每當兩條線最接近時，沒多久就是歷年金融風暴發生的時間點，例如：1998年網路科技泡沫、2008年金融海嘯前。而在2018年開始，似乎這兩條線又愈來愈靠近。

　　我們可以這樣理解，當升息及景氣擴張時，公債價格下跌，公債殖利率（投資報酬率）升高，此時風險低的公債對投資人的吸引力增加。而在升息及景氣擴張的條件下，高收益債的價格上漲，反而使得投資高收益債的殖利率下跌（投資報酬率下跌），對投資人的吸引力降低。當兩條線交疊時，資金被幾乎無風險的公債吸引過去，導致股市反轉下跌，接連使得信用評等較差，風險更高的高收益債券價格也跟著下跌，也就形成觀察整體市場由多轉空的重要指標訊號了。那麼可以在哪裡看到利差的訊號。你可以照著以下步驟來檢視利差訊號

步驟一、連上鉅亨網的「全球市場」/「StockQ」

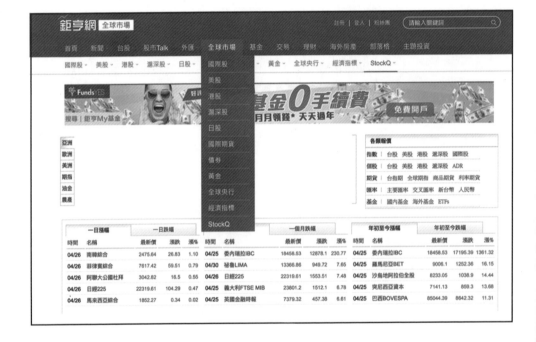

　　步驟二、在頁面下方可以找到公債及高收益債殖利率，以下圖為例，美國10年公債殖利率3.268%，高收益債平均殖利率5.627%，只差距約2.3%的水準，表示股市過熱，市場由多轉空的機率變高，就得留意後續是否利差繼續收斂的警訊繼續擴大。

美國10年公債殖利率與高收債平均殖利率差距不到3%是股市過熱的警訊

時間	名稱	最新價	漲跌	漲%
4/26	SHIBOR隔夜	0.000000	0.000000	不是一個數字
4/26	SHIBOR1週	2.925000	0.014000	0.48
4/26	SHIBOR1月	3.865000	0.085000	2.25
4/26	SHIBOR3月	3.992000	0.008000	0.20
4/26	SHIBOR6月	4.183000	-0.002000	-0.05
4/26	SHIBOR1年	4.383000	0.003000	0.07

國際主要債券平均殖利率

時間	名稱	最新價	漲跌	漲%
4/25	高收益債	5.6207	0.0078	0.1390
4/25	新興市場債	4.5110	0.0163	0.3626
4/25	投資等級債	3.1989	0.0060	0.1879
4/25	中國點心債	3.5627	0.0159	0.4483
4/25	全球政府公債	1.0401	0.0058	0.5608
4/25	美國長天期公債	2.6395	0.0177	0.6751
4/25	美國不動產抵押債	2.6298	0.0017	0.0647

公債指數指標

時間	名稱	最新價	漲跌	漲%
19:32	美元/韓元	1080.80	-0.2000	-0.02
00:50	美元/星幣	1.32669	-0.0016	-0.12

全球債券利率

時間	名稱	最新價	漲跌	漲%
4/25	美10年公債殖利率	3.0268	0.0226	0.7523
4/26	台10年公債殖利率	1.0321	-0.0017	-0.1644
4/25	澳10年公債殖利率	2.8496	0.0000	0.0000
4/25	日10年公債殖利率	0.0596	0.0045	8.1670
4/25	港10年公債殖利率	2.2364	0.0497	2.2728
4/25	英10年公債殖利率	1.5405	0.0026	0.1691
4/25	德10年公債殖利率	0.6353	0.0035	0.5540
4/25	法10年公債殖利率	0.8579	0.0102	1.2033
4/25	義10年公債殖利率	1.7717	0.0116	0.6591
4/25	加10年公債殖利率	2.3700	0.0200	0.8511

投資級公司債

時間	名稱	最新價	漲跌	漲%
4/25	巴克萊美國公司債	2692.90	-9.09	-0.34

資料來源：stockq.org

另外，與債券有關係的相關總體經濟數據，我們可以觀察幾個美國總體經濟領先指標，例如：美國失業率及申領失業救濟金人數會每周更新一次，通常若超過25萬人次，就代表企業可能不賺錢，裁員機率高，違約率可能提高。再者，可以觀察美國銀行放款態度是否趨緊而導致企業資金周轉不靈，造成債務到期無法還款的違約率升高。

以此邏輯推論，我們可以利用配息版的美林時鐘，隨時來判斷哪類別的配息債要加碼或者該加碼更多的股票類型配息基金，以提高總體報酬率。試著自己操作看看吧。

配息債淨值影響因素比較表

	觀察因素	變化	公債價格	高收益債價格	新興市場債價格
經濟成長	利差	縮小		↑上漲	↑上漲
	違約率	下降			
	信用評等	調高			
	總體經濟數據	好轉			
	利率	調升	↓下跌		
經濟衰退	利差	擴大		↓下跌	↓下跌
	違約率	上升			
	信用評等	調降			
	總體經濟數據	惡化			
	利率	調降	↑上漲		

資料來源：作者整理

配息版美林時鐘：不同經濟成長階段適合投入的配息類商品

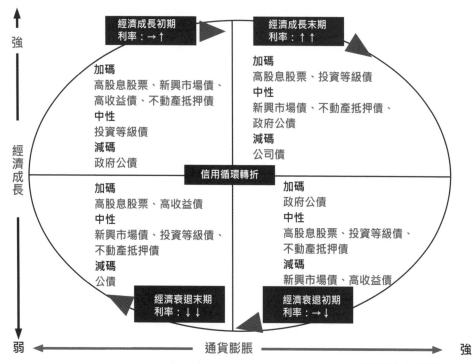

資料來源：作者整理

超額獲利心法四、以債養股，讓配息錢滾錢

好朋友告訴我把他原來用來投資收房租的房子賣了，去買了配息債基金，問起我對配息債基金的看法。我回問他為什麼這麼做？他說：「自己投資一間房子出租，總覺得房市應該未來十年都不會好，政府又一直想從不動產上增稅，房子也愈來愈老舊，好房客也是可遇不可求，收房租就像和債券基金配息概念一樣，又不用擔心找不到房客或催繳房租，就乾脆把房子轉成配息債基金……！」

125

的確，這是個變化大過於計畫的不安定年代。如果你也和上述的對話有類似的想法，那麼你就應該開始考量調整策略，找對讓自己能安心又可長期持有的規畫方式。

　　問題來了，配息債基金的特色是每月配息，就如同幫自己加薪一樣，但若把每月配息的錢花掉，那錢也不會愈滾愈多？若你是屬於有錢在身上就留不住的人，或又存回到銀行，若還處於退休累積期階段的投資人，因此可能就無法快速累積退休本金。那麼「以債養股」這個作法就是個很有效的超額獲利方法。

　　什麼是「以債養股」？簡單的說，也就是用配息債基金每月配息的特色，再將配來的利息定期定額購買股票或股票型基金。相對的風險比直接將本金全部投入股市來的小很多。投資債券視同於投資人將錢借給公司或政府賺取利息的一種概念。既然是借錢，本金總是要還的，試想若借了3年給利息再歸還投資人本金再重新借錢，那麼相對的，風險自然會比預期公司未來會賺錢而期待股價上漲的股票，來的務實多了。

　　所以，「以債養股」就是買進配息債基金（一籃子債券）、每月領取高於定存的配息（利息概念），再將配息按月定期定額投資一籃子股票或股票基金（再分散風險），獲利了結再繼續買入配息債基金（加大本金）。

「以債養股」很適合處於努力存退休金的退休累積期階段投資人，穩健的加速退休金的累積，安心提早退休。

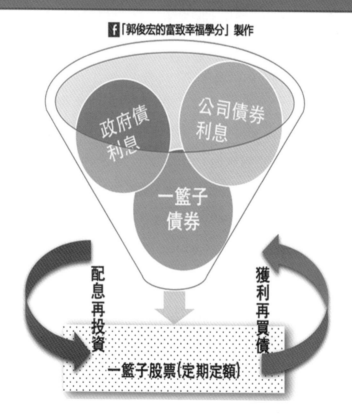

資料來源：作者整理

配息「定期定額」超額獲利四大招：

也是我多年來自己管理股票型基金定期定額的必勝絕招，只要做好股票型基金管理四大招，配息也能錢滾錢。

第一招：定期定額

每月堅持定期定額扣款，淨值下跌也不停扣，3年為一周期，每3年再將累積金額全部轉換到配息債基金。為何至少放3年。因為平均成本可以讓我們在基金淨值下跌時買到更多的單位數，當基金淨值上漲時，更多的單位數將創造更高的報酬率。

右圖為一檔富蘭克林坦伯頓全球基金A股，投資範圍是全球大型價值型股票，你可以看到他的2015年至2018年3年淨值走勢，是不是像一條微笑曲線，嘴角微微上揚著。這條微笑曲線正好符合我們說的在下跌時買到更多單位數，等上漲後，3年後轉入配息債基金的最好驗證。

第二招：停利停損

標的急漲到6%則停利、標的急跌20%則停損，避免損失因恐慌擴大，影響投資人情緒，讓賺到的錢落袋為安，避免重大虧損。

第三招：汰弱留強：

透過美林時鐘或第三章由基金公司提供的投資市場情報判斷，適當轉換投資區域，例如：歐美轉亞洲，印度轉中國。

3年以上的定期定額，往往會有不錯的報酬

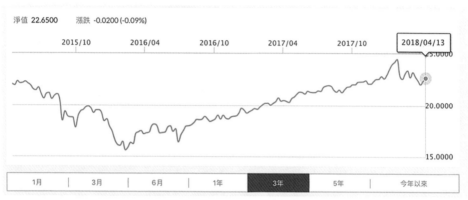

資料來源：https：∕∕ fund.cnyes.com ∕ detail ∕富蘭克林坦伯頓全球基金 A 股∕ B15％ 2C008 ∕

第四招：分批進場：

每年再將配息投資總累積金額，重新分12份定期定額，每月分批進場

例如：配息3,000元，第一年每月定期定額3,000元，不考慮報酬率情況，一年後累積36,000元，第二年分12份分批進場，每月3,000元。因此，第二年每月定期定額3,000（第二年）+3,000（第一年）=6,000元，第三年以此類推，每月定期定額9,000元，3年後滾入配息債基金加碼本金。

配息債搭配股票基金四大招

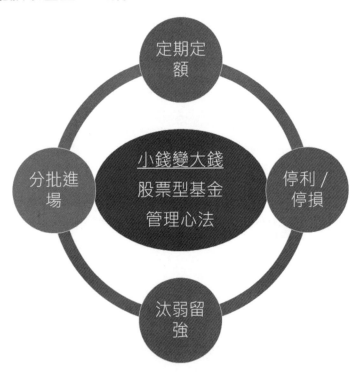

步驟	方法	好處
一、定期定額	70：30（區域型：單一國家）	平均成本，下跌時購買更多單位數
二、停利停損	急漲6%停利 急跌-20%停損	賺到的錢落袋為安 避開重大虧損
三、汰弱留強	指標一：經濟成長率 指標二、強勢貨幣區域	挑選未來六個月跌深反彈 ／市場轉強的區域
四、分批進場	第2、3年，每年將總累積金額 分12份定期定額分批進場	再次平均成本 70：30（區域型：單一國家）

資料來源：作者臉書「郭俊宏的富致幸福學分」

超額獲利心法五、以債養息，生生不「息」

一位即將屆退的夫妻，也靠房租過退休生活。後來聽理專建議，買了股票型基金，正好面臨股市的大幅波動。房東先生嘆了口氣跟我說：「她每天看著電視播報股市消息，一跌的時候，就跑去家裡的神明桌前擲筊擔心的都快吃不下飯了。」如此一來，原本可以提高報酬的投資方式，反倒成了這對夫妻生活品質的絆腳石。

所以，建議即將或已屆入退休進行式的投資人，就算以配息投資股票，仍擔心股票風險太高。除了開始運用配息享樂人生之外，也可以考慮將閒置的配息收入拿來購買保本型的儲蓄型保險。

就如本章節一開始的理財收入比較表中提到，2018年新台幣計價的儲蓄保單宣告利率約2.25%，美金計價儲蓄保單宣告利率約3.6%。配息保本外，以息生息，利上加利，讓退休生活過的更安心自在。

存小錢就能提早退休，請你跟我這樣做

如果你在閱讀本書之時，仍是一般「小資」上班族，可以按照以下的步驟，讓自己可以一步步的踏上提早退休的夢想。

閉上眼睛想像一下你的未來場景「從年輕時找到自己喜歡的理想工作，努力工作，努力存錢投資，「以債養股」+「定期定額」加速累積退

休金，不到60歲，理財收入大於工作收入，可以提早退休。65歲後還有一到兩萬的勞保年金，讓你退休也能擁有加薪的小確幸。同時間做好老年醫療及長期照護保險規畫，為自己打造一個安心提早退休不求人的理想境界。」

存小錢就能提早退休，請你跟我這樣做

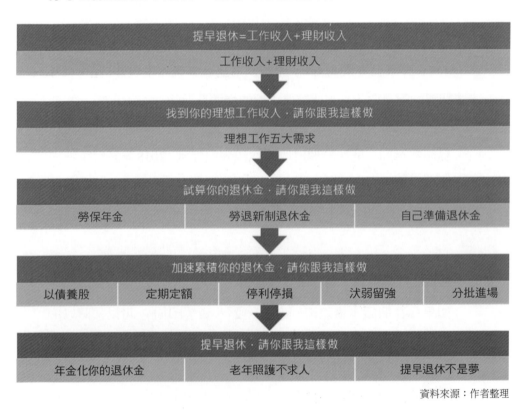

資料來源：作者整理

▎確保超額獲利的成功關鍵：定期檢視你的投資理財計畫，正視你的財務警訊

　　某天，我將跑了15萬公里的汽車交給一位車行老板。因為，他的專業和用心傾聽我描述我的問題，讓我很放心百分之百地相信他。老板告訴我下班後就可以拿回我的車。只是，還沒到下班時間，車行老板已經悻悻然的主動打了電話給我唸了我一頓。「郭先生，你的車子怎麼沒有定期保養，汽缸裡面已經積了很多碳啦……。」一直到下班時，我去拿車子，車行老板還再三提醒我定期保養的重要性，車子才能開的久，減少維修的開銷……。上了車，發動引擎，很明顯感受到車子的問題被解決了，心中不忖暗暗佩服老板的專業，也開心自己找對了專家。

　　車子需要定期保養似乎是每位愛車人士的共同知識，也會乖乖的照做。同樣的事，也發生在人的身上。定期健康檢查的大量需求，似乎也可以從診所，定期做健康檢查的人常常人滿為患；健診中心一家開過一家，甚至規模大到準備上櫃的現象中看出一些端倪。這表示，大家也開始養成習慣，知道利用定期健康檢查來預防可能疾病的發生，保持身體的健康。因為，大家開始知道身體健康檢查可以及早發現身體上的問題，及早治療，以免造成不可挽救的錯誤，避免增加大筆額外的醫療開支。

133

健康檢查可以檢查出可能發生疾病的因素並提早預防。反之,若檢查出的結果是健康且正常呢?或者檢查出危險因子,你會怎麼做?根據統計,三分之二的人並不會因此而改變其危險行為讓自己更健康。

例如:戒煙,多運動,少吃肉。同意嗎?甚至因為檢查結果正常,更放心的增加危險行為。反而導致健康檢查只是給一般人理由,做出更多不利於身體健康的危險行為。同樣地,如果財富規畫若是健康良好或出了危險訊號,你會出現什麼樣的行為呢?

收入 - 儲蓄 = 支出(才可以花用的錢)是理財結果的重要關鍵

接了一個雜誌的理財個案健診,面談過程中,覺得個案相當有理財概念,做好了下半輩子退休生活的理財規畫,本可以十年後安心的退休,但結果呢?現在是負債大於資產,影響生活品質。

這個令人驚訝的結果,到底出了什麼問題?詢問之下得知。原來,個案做好了退休規畫的同時,在放心之餘,每年花費了超過自己收入的消費支出,因而產生了負債。出現了「負債」的警訊,並沒第一時間處理,導致警訊變成了財務重病,難以挽救。

若個案能在一開始定期檢視財務後,正視自己支出遠大於收入及負債的警訊,開始量力而為,堅持「收入-儲蓄=支出」的理念。他仍然

能確保其財富的健康。但當財務的警訊，變成重疾時，那就不是改變行為就可以馬上解決的了。

相信我，這樣「預支未來消費」的真實個案，在你我身邊出現的次數有愈來愈多的趨勢。

不過，一直以來，對於個人和家庭的理財計畫的定期檢視這件事，似乎一直被社會大眾所忽略。是因為車子、身體比財富來的重要，所以大家比較重視呢？還是其實，大家還不了解定期檢視財務計畫對自己有什麼幫助呢？

根據美國IARFC國際認證財務顧問師協會中要求專業理財顧問接受的專業理財課程中的必要過程，需將個人／家庭理財計畫，明確建立短、中、長期的目標，並定期檢視計畫的變動，隨時調整投資工具的比例。

為什麼要定期檢視理財計畫

1. 因為時間是達成理財計畫的重要關鍵，而且時間不能重來的。

張太太在十年前單筆購買了一支基金，她想說這筆錢放著是做為兩老以後退休要用的一筆錢。這段期間因為工作時間忙，看到基金賠錢，也就不去理會它。十年後，這支基金的淨值和當年投資的結果差不多。

張太太開始急著找我的原因是因為她發現，在面對即將退休的年齡，這十年來銀行存款加上退休金和那筆基金，她並無法安穩的過好退休生活。她後悔的表示，若十年前再重來一次，她絕對不會這樣漠視不管。很殘酷的是張太太的願望不可能實現，因為，「時間並不能倒流」。

2. 確定理財計畫按照進度進行？是否出了問題？需要修正

依前例，張太太打算十年前的那筆錢做為家庭退休金的來源。那麼，她若按照她的想法在第二年開始定期檢視她的理財計畫。她會發現這個計畫似乎並不是如預期中的順利進行。

這時，她可以採取動作選擇參考別人的作法，書籍上的建議，或者是專家的檢視，調整她的理財計畫。那麼，結果一定只會比十年後現在的她來的更好。

3. 個人／家庭理財目標／預算的改變，計畫也必須調整

很多人在一開始理財時，並不重視設定理財目標的步驟。為什麼要一開始就設定好理財目標？舉例來說，船的航程若沒有事先確認目的地，那麼就會失去了方向的依歸，隨波逐流。

寄信時或寫電子郵件，如果在一開始寫錯了寄信人的地址或電子郵件信箱，那麼，你的信就永遠到不了對方手上。倘若在理財規畫的開始沒有建立明確的理財目標，船沒了方向，和信不知寄到何處一樣。理財不知道為何而做，是個沒有意義的理財計畫。

所以，當明確的理財目標和預算有所改變，那也表示，你必須適當地調整你的理財計畫，才能確保計畫能夠如期實現。

定期檢視自己的理財計畫的四步驟

步驟一、檢視個人／家庭理財目標是否需要調整？

從生命週期表來看，每個人在不同的人生階段，遭遇到與過去截然不同的經驗，想法自然會有所轉變。小時候寫作文時，相信都有寫過

一篇作文題目「我的志願」，還記得當時寫了什麼長大後的志願嗎？我記得，當時同班同學的作文內容，很多人想要當醫生，當老師。而現在，長大後，可能早忘了當初的志願。

因此，長大後，從事和自己所寫下的志願一樣的人並不多。為什麼呢？我想，多半是因為人們小時候寫的內容早就忘的一乾二淨。而且，沒有人教我們要定期檢視自己設下的目標。

所以，定期檢視理財目標是否有所改變？也是提醒自己訂了什麼理財目標，而目標的改變也將會改變達成理財目標所需要的金額大小和時間。因此，檢視個人／家庭理財目標是定期檢視的首要步驟。

步驟二、 檢視目前個人／家庭財務狀況是否有所改變，而需要調整計畫？

結婚、生子、購屋、短期進修或額外的醫療支出都可能會造成每月財務支出的增加。工作上的加薪，跟會到期會增加每月的收入。綜合以上的原因，可能會讓每年的個人／家庭可支配的餘額變動。

也因此造成達成理財目標的每月預算可能因此有所增減，而需要調整你的理財計畫。例如：每月固定支出的增加，需要將個人／家庭的緊急預備現金（約六個月的平均月支出）也跟著增加。

（什麼是可支配餘額：指的是個人／家庭每個月的總收入扣除必要總支出，剩餘可以用來實現理財目標的預算）

通常，總收入增加時，可以選擇提早實現你的理財目標，或者擴大理財目標的金額。例如購屋計畫中，原本十年後預計購買一千萬的房子，因預算增加，可以提早在七年後就實現購屋計畫，或者購買一千五百萬的房子。而支出的增加，可能就要考慮延長購買的年期或降低購買目標的總金額。

步驟三、檢視目前的投資狀況，是否需要調整：

通常在執行理財計畫的同時，也已經設定好了理財目標的需求額度。例如：購屋頭期款400萬、子女教育金560萬、退休金計畫。也同時確認要達到目標的預期報酬率。所以在這個階段，我們通常需要檢視過去一年以來，投資狀況是否符合設定的目標進行。若沒有符合預期，原因是什麼？是總體經濟的轉變，市場景氣衰退？利率調升、通貨膨脹……等因素，是否需要調整目前的投資組合？利用適當的投資配置，可避免因為經濟環境的變化，讓你的理財計畫生變，離預期的目標漸行漸遠。時間一到，理財計畫當然就會失敗。

步驟四、找到適合的理財顧問協助你定期檢視

車子維修保養,一般人會徵求技師的意見。健康檢查時,會詢問醫生的意見。唯獨檢視自己的理財計畫時,很多人都只是用自己的常理去判斷自己的投資計畫,鮮少徵求理財專家的意見。

依作者多年來協助客戶理財的經驗,不外乎是以下三個理由:一、財不露白,不希望讓外人知道自己的財務狀況。二、相信自己就是專家,因為買股票都有賺錢。所以,不需要聽專家的意見。三、覺得專家都是要來賣我東西,不可靠。

其實,這些觀念在理財過程中,都是相當危險的行為。因為透過專家的建議,可以減少許多不必要的錯誤,對需要時間來達成的理財計畫,減少錯誤是真正可以安全地達成目標的重要關鍵。未來機器人智能理財平台也能取代人力,在理財規畫的通路選擇上會更多元化。

如何選擇合適的理財顧問,可以把握幾個原則:

1. 透過(國際)專業認證,來檢視理財顧問的道德能力:因為取得專業認證的顧問,一定接受過職業道德和專業的課程訓練。相對的,會比較習慣站在客戶的角度,給予客觀的建議。

2. 可透過理財計畫書，來檢視理財顧問的規畫能力：通常一份完整的理財計畫，必須要有的是理財目標，預期報酬率及時間，以及個別的財務現況分析。才能訂定出適當的理財規畫內容及建議。所以，可以透過理財顧問提供的書面內容來檢視理財顧問的能力。

完整的理財計畫書是財富自由的開始

項目		預期進度	實際進度	調整方案
個人／家庭的理財目標	購屋計畫			
	子女教育金計畫			
	退休計畫			
	創業計畫			
	累積財富計畫			
	其他計畫			
個人／家庭可支配的餘額（收入-支出）	工作收入			
	理財收入			
	食／衣／住／行支出			
	子女生活費			
	其他支出			
資產配置策略	預期報酬率			
	投資組合比例			
	其他因素			

資料來源：作者整理

3. 透過討論過程中，了解理財顧問的專業能力

　　建議可以多向理財顧問提問你想了解的問題，因為藉由問題的討論，可以了解理財顧問的專業能力，是否真的能解決你的擔心。

　　如果你會擔心自己身體的健康狀況，而開始定期健康檢查，並詢問醫師的建議。或者是你認為可以靠自己，可以透過良好的飲食習慣，充足的睡眠維持身體，保持自己身體的健康。這都是自己做的選擇。

　　同樣的，如果你會擔心沒有做好理財計畫，將來的生活沒有保障。你選擇開始定期檢視你的理財計畫，並詢問專家的意見。或者是你認為可以靠自己，透過良好的規畫和定期的檢視，來達成你的理財計畫，都是定期檢視的有效方法。

　　無論如何，請記得提醒自己，「時間不能重來」。所以，如何透過正確的定期檢視方式來確保自己一步步達成投資理財目標，才是確保超額獲利成功的不二法門。

Chapter 6

4個案例教你規畫投資配息債，第一步就上手

寫書的過程中，常常參考翻閱相關的投資理財書籍。每一回都會問自己，書的內容能不能讓人看了就懂，懂了就去做。做了之後，可以紮紮實實地賺到錢，多一份理財收入／被動收入。所以，在最後這一章節，我試著整理過去的幾個不同年齡階段的成功案例與大家分享，希望藉這些案例，能讓讀者套用在自己的財務現況，找出適合自己的配息債規畫方案。

▌案例一：25 歲社會新鮮人，從零到 100 萬的開始

小可，25歲，是個剛出社會的新鮮人，工作是護士，滿懷濟世救人的南丁格爾精神，經常得加班。收入都是用勞力換來的，辛苦可想而之。雖然她的收入一個月可以領到3萬多，上夜班的時段最高可以領到4萬多。不過，總覺得賺錢好慢，這樣下去，似乎沒有生活品質，無法做更多的事情。

此規畫的好處：

一、每3年可以檢視一次投資績效是否照目標進行，若不如預期，再行調整。

二、以風險較高的股票型基金定期定額，獲取較高獲利機會，再轉入配息債，穩健獲利，逐步增加配息收入。

三、43歲前，有機會坐領配息收入3萬元以上，資產六百萬元。50歲前，資產千萬元。

規畫方式：

一、以小可薪資收入的3成約12,000元做投資規畫，定期定額投資股票型基金，按照第五章的「小錢變大錢」股票型基金定期定額投資心法，預期報酬率10%，每3年為一個周期存到約50萬，轉投入配息債基金，以7%配息率計算，每個月約配息收益3,000元左右，再繼續定期定額加碼到共15,000元。也就是從第四年開始，每月定期定額15,000元。第二個3年還未到，就存到了人生第一桶金。再一次把定期定額增加的63萬投入配息債基金。之後，每月配息收益也開始增加到了6,000元，以此類推，若無其他的意外支出發生，神奇的投資效益就展開了。

小可28歲時，定期定額12,000／月，在第一個3年存到共約50萬，轉投資配息債，配息率7%，每月配息3000元

小可31歲時，定期定額＋配息收入共15,000／月，在第二個3年存到共約113萬元，轉投資配息債，配息率7%，月配息6,500元。

小可34歲時，定期定額＋配息收入共18,500／月，在第三個3年存到約191萬元，轉投資配息債，配息率7%，月配息11,000元。

小可37歲時，定期定額＋配息收入共23,000／月，在第四個3年存到約287萬元，轉投資配息債，配息率7%，月配息16,700元。

小可40歲時，定期定額＋配息收入共28,700／月，在第五個3年存到共約407萬（開始每三年增加超過100萬），轉投資配息債，配息率7%，每月配息23,700元。

小可43歲時，定期定額＋配息收入共35,700／月，在第六個3年存到共約557萬，轉投資配息債，配息率7%，月配息32,400元。

以此類推……

結論是小可在43歲時的配息收入32,400元，相當於他的月薪。並

且，在50歲前，可以擁有千萬資產。

　　我們一樣可以到鉅亨網網站中（如下圖）的「理財」選單下的「試算工具」中，找到試算工具。點選計算「期末金額」，再輸入「每月投資金額」、「投資期間」、「年報酬率」，就可以試算出「期末金額」的數字。現在，你大可跟著我上面的文字一步步的驗證試算的數字結果，也可以以此類推，到了50歲、60歲時，能累積出多少千萬資產？

一個月存 12,000，25 年資產千萬不是夢

資料來源：鉅亨網

投入資金預估收益表

	原始定期定額金額	配息收入	資產增加	備註
第一個 3 年	12000	0	50 萬	
第二個 3 年	12000	3000	65 萬	定期定額
第三個 3 年	12000	6500	78 萬	預期報酬
第四個 3 年	12000	11000	96 萬	率 10% 配
第五個 3 年	12000	16700	120 萬	息率 7%
第六個 3 年	12000	23700	150 萬	

若你覺得自己收入現況不像案例中的小可。那麼，你也可以參考下表，按比例找出自己的數字出來。例如，你每個月定期定額6,000元。那麼就代表，你每3年的月配息收入會以下表的數字，折半計算。也就是說，若以小可的例子，她原本在6個3年的循環下，可以累積出600萬左右的資產及3萬元的配息收入，也會相對折半。

▎案例二：以債養息

阿敏，50歲，行政職的女生，目前月收入10萬，銀行存款600萬，目前投資在外幣定存及共同基金。希望5年後，55歲時可以提早退休，除了符合請領勞保及勞退新制退休金資格約可月領2萬元之外，每個月希望有另一筆穩定的月退休金及出國旅遊基金。但覺得現在銀行定存利率低，錢會愈存愈少。也聽朋友說準備退休時，也應該幫自己準備一份養老醫療及長期照護保險計劃，但若再考慮這筆費用，是不是退休金就不夠花了？阿敏該如何調整她的投資理財規畫。

此規畫的好處：

一、因屆退年齡不宜承擔過高風險，降低原先股票型基金的投資風險。

二、藉由第五章的超額獲利心法,提高整體配息率。

三、馬上增加一筆配息收入,讓屆退的阿敏心情更加穩定。

四、利用配息收入再投入保本收益理財商品。

五、可以幫助即將退休的自己,多一份預算規畫養老保障,也不用擔心退休後負擔不了保費的壓力。

規畫方式:

因阿敏有一筆銀行存款。以她的年齡,股票型基金的波動已經讓她擔心到影響工作及生活品質。所以,改以配息債基金,增加她的配息收入,也因為她可以接受外幣投資及略低於股票的風險。所以,搭配人民幣計價及平衡型配息債基金來提高其配息率到9%。

如此一來,在50歲時,她除了月工作收入十萬元,還有4萬多元的月配息收入可以運用。同時可以把多出來的預算規畫養老醫療及長期照護保險。

在此同時,她也規畫將月收入的3成加上配息收入4萬元投入預定利率約3.75%的6年期保本型的美金儲蓄保本理財商品,目的是用來當做未來出國旅遊的旅費基金。

也就是說，55歲時，她少了10萬元的工作收入外，她還有2萬元的勞保年金，4萬元的配息收入，每年增值約100萬的美元保單帳戶價值做旅費，並同時擁有千萬資產的身價。

案例三、以債養股

38歲，男性，阿龍是髮型設計師，也是店老闆，精湛的剪髮及設計功力，早已讓他賺錢的速度快於他的剪髮速度。但也因為常常客人一多，忙起來都可以忘了吃飯喝水，尤其是過年過節的時候，也常常因此累出病來。雖然是創業當老闆，但因為是服務業，大部分時間仍然像是靠勞力吃飯的專業設計師，生起病來就沒收入了。

再加上賺錢賺得多，花錢就更容易。常常為了犒賞自己就買衣服或者出國旅遊。錢也就存的不多。只是年近四十的阿龍覺得再這樣下去，再厲害的技術也都抵不過歲月的摧殘。還是得想想如何不要一直靠勞力賺錢，更何況，幹這行也沒有人給他退休金。

此規畫的好處：

一、不定期不定額的投資配息債方式，可以分散投資時點。

二、以債養股，以配息收入投資股票，有機會賺取高額報酬，但風險比直接投資股票小。

三、配息收入當做購屋的本息支出預算，可以降低買房的壓力，避免收入減少，繳不出房貸的風險。

規畫方式：

創業型的老板，大多擁有強烈的企圖心及目標導向。所以，阿龍得設立一個清楚明確的目標，督促他把錢存下來。再加上他每月的收入不固定。所以，阿龍設定每年要幫自己存下一百萬投資配息債，以配息率7%，第一年每月就有6,500元左右的配息收入。

也因為，阿龍收入容易因為周年慶或過年過節的收入突然變高。所以，為了避免阿龍因突然增加的收入也就突然的把錢花光。所以，阿龍強迫自己將每次周年慶或節日增加的收入整筆再投入配息債中，藉以快速的提高配息率。

什麼是零股？

一般股票的交易單位為1,000股，即所指的「一張」，而未滿1,000股（一張）為交易單位，即稱為零股。 每筆買賣委託量不得超過999股（含）。 零股有3種方式進行委託透過：(1)網路交易(2)語音下單(3)營業員掛單。

另外，阿龍的創業個性使然。因此，他也利用時間學習股票，將累積的配息收入不定期不定額的加碼在台積電這類價值型股票，若買入金額不足時就先購買零股。每3年再將這些累積的台積電零股，化零為整賣出後轉入配息債基金。以債養股的概念，也讓他在短短的六年內累積了800萬左右的資產，月配息收入4萬元。這時阿龍44歲，他的資產持續在增加中。

也因為阿龍的工作，是靠勞力吃飯，他也設定了下一個目標，就是把這筆配息收入當做他買房子的每月負擔的本息預算。讓他可以順利在50歲之前在台北買到人生的第一棟房子。並且不用擔心後續繳不出房貸的壓力。

▋案例四、以房轉債

40歲，小陳，是位牙醫師，已婚，育有一女，先前以投資房地產出租為主要理財方式，但後來因台北房價高漲，出租的投資回報率約3至4%。又擔心好房客不好找，景氣不好時，容易收不到房租。再加上有現金急用時，房子是不容易變現。若未來的銀行利率上揚，房貸的成本還可以隨時提高，風險也不小。他正在思考有沒有類似房地產這樣固定收益的理財商品？

此規畫的好處：

一、降低所得稅成本。

二、提高投資資產的變現性及流動性。

三、提高投資報酬率。

規畫方式：

小陳將他不看好的一棟房子賣掉變現，並將另一棟地段不錯，還有增值機會的房子部分貸款，共取得1,200萬的現金，再將全部投入境外不同幣別的新興市場債、高收益債及平衡型配息類基金。平均配息率約7%，年配息收入84萬。相較於房租收入，報酬率較高之外，更因為投資境外基金的配息收入屬於海外所得，100萬元內免稅，還省下了房租收入要繳納的所得稅。

什麼是境外基金：

所謂境外基金（**Offshore fund**）為登記註冊地於我國以外地區，由國外基金公司發行的基金，經行政院金融監督管理委員會（以下簡稱金管會） 證券期貨局核准後可在國內銷售。 透過海外共同基金的投資，不但可分享全球的投資機會和利得，亦可達到分散風險、專業管理等目的。

什麼是海外所得：

海外所得的「海外」是指非中華民國境內的來源所得，但特別注意的是中國大陸地區的來源視為「境內」來源，但香港及澳門則屬於境外，簡而言之，海外所得就是非中華民國境內且除中國大陸地區外的來源所得，皆納入最低稅負的海外所得中計稅。

實際上大部分的投資的海外所得（資本利得以及配息、股利）一年要賺超過目前財政部規畫的100萬元免稅額才要納入最低稅負制。除此之外，最低稅負制基本稅額的計算尚有670萬的免稅額，且在國外已繳的稅額也可列報扣抵，所以實際上海外所得會因納入最低稅負實施而課到稅的人其實很有限。

但如果當年度海外財產交易有損失者，得自同年度海外之財產交易所得扣除，扣除數額以不超過該財產交易所得為限，且損失及所得都要以實際成交價格及原始取得成本計算損益。

藉由案例學習投資理財是一個快速入門的技巧。要說的是，投資理財是一門終身學習的課題，勝出的關鍵除了對的技巧之外，更重要的是投資人的心理因素，金融交易心理輔導師馬克‧道格拉斯（Mark Douglas）說過：「成功的交易80%靠心理，只有20%靠技巧。我的經驗是成功投資的心理是一個因果關係。當你不勇敢時，就會害怕失敗，害怕失敗就會習慣用自己的感覺去判斷，因此就容易下錯決定，這也是大多數人在投資中賠錢受傷的主要原因。」

　　閱讀完本書後，請跟著老師一起這樣做：

　　第一步，相信自己所相信的。

　　第二步，勇敢嘗試你所相信的，那麼後面的失敗、做錯、受傷的過程，就不會屬於你的。

　　第三步，學會對的技巧後，避免用本身的習慣做投資。

　　第四步，當你愈往你的富人之路邁進時，永遠不要忘了風險隨時隨地伴隨在你我左右，這裡說的風險，不止是投資風險，還有生、老、病、死的人生及責任風險。

專章
人民幣時代來臨，
該單獨投資中國債券嗎？
短空長多，小心布局

　　繼2016年10月，人民幣納入IMF國際特別提款權（SDR）貨幣籃子、正式成為美元權重41.73%、歐元權重30.93%後的第三大國際儲備貨幣，人民幣權重約10.92%。這象徵著中國大陸將加快金融改革及開放的一大步。

　　2018年6月，中國大陸A股入摩（正式納入MSCI新興指數成份股），預計增持A股比例至9月份共7.5%，預估將帶來220億美元的資金加碼人民幣。相當於台股每日成交量約55倍左右。在預期人民幣供給大幅增加的情況下，人民幣走升行情可期。

　　再加上預期中國境內債納入新興市場及全球債券指數，勢將吸引許多國際債券投資人調高投資部位，目前外資擁有中國國債（CGBs）僅約5%，相較其他亞洲新興市場，比例最低，成長空間相當大。

根據富達投信的數據報告指出，當今中國境內債市規模是全球第3大債券市場，僅次於美國及日本。投資規模龐大為投資人提供許多誘人的投資機會，預期2020年中國境內債市總市值將高達90兆至100兆人民幣，2025年更將成長兩倍。規模之所以急速擴張，主要是受到中國政府，持續針對金融市場結構性改善，積極開放並吸引外資北向，以及經濟成長持穩所激勵。

富達投信更進一步表示，過去歷史經驗顯示，中國境內及境外人民幣債券指數與美國及歐洲資產連動程度低，具有分散風險的優勢。

然而，就在普遍看好中國債券市場未來的同時，我們可以從2007年在國內上市火紅募集的點心債類型基金，除了在2015年發行量達到募集高峰後，隨即就逐年下滑。主要原因除了2017年7月中國「債券通」上路後，外國投資人在香港市場就能直接投資中國大陸境內債市交易人民幣債券，使點心債的魅力大幅縮水。

另外一個原因，也和中國大陸近年來大幅整頓管治金融市場，也有極大的關係。

若以發行存續期間3至4年的點心債為例，平均殖利率約4.34%左右，也因為是透過境外機構發行轉了一圈後再投入中國債券市場，相

關的手續費及管理費較高,這也是投資中國債券時要多留意的成本。

中國高收益債基金報酬率概況

基金名稱	近一年	今年來	近三月
統一中國高收益債券 月配 美元	7.0	7.9	3.0
宏利中國點心高收益債券 A類人民幣	7.0	6.5	1.9
施羅德中國高收益債券 美元 累積型	6.0	11.3	2.0
富邦中國債券傘型之富邦中國高收益債券 A類 人民幣	5.7	4.0	0.9
匯豐中國點心高收益債券 美元配息	5.7	12.0	5.3
日盛中國高收益債券 美元B	4.9	3.3	−2.4
華南永昌人民幣高收益債券 月配 人民幣	3.6	3.9	0.1
國泰中國高收益債券 USD(A)不分配	3.5	4.6	1.2
群益中國高收益債券 人民幣	3.3	3.1	1.3
永豐中國高收益債券 人民幣月配	2.4	0.8	−0.9
第一金人民幣高收益債券 累積人民幣	1.8	1.6	0.4
元大中國高收益點心債券	1.0	2.9	3.2
富蘭克林華美中國傘型之中國高收益債券 人民幣	−1.4	−0.3	0.3

資料來源:晨星,原幣計價,統計至2017/9/20 單位:% 趙于萱 / 製表

然而,看似未來一片光明前景的人民幣升值利多機會。除了風險高,波動度大的A股市場可以選擇之外,追求穩定報酬固定收益的配息債一族到底適不適合長期持有投資人民幣計價的中國配息債基金?

　　我的看法是中國債券市場2018年處於「短多長空」的狀態。所以，建議先把中國配息債當成是新興市場債或亞洲債券的一部分，而非單獨投資的一項標的。怎麼說呢？

　　我們可以從以下幾個面向來解讀，中國債券市場短空長多的主要因素。

　　短空長多因素一、2018年出爐的大陸資管新規的3個重點，將造成金融市場的大地震，是利空？

什麼是點心債(Dim Sum Bonds)：

　　點心債是指在中國大陸地區以外發行的人民幣計價債券。點心債通常是在香港發行，由投資銀行替中國政府組織或企業所發行的人民幣計價債券。為了更貼近市場現況，目前大多已更名為中國高收益債券基金。

重點一、取消剛性兌付：

　　什麼是剛性兌付，剛性兌付指的是理財商品到期後，發行機構必須分配給投資者本金以及收益，當理財商品出現不能如期兌付或者兌付困難時，發行公司必須承擔兌付責任。但實際上，中國金融法規裡並沒有規定發行公司必須進行剛性兌付。白話來說，就是未來的固定收益理財商品不能再保證保本了。

　　重點二、取消期限錯配：

　　過去，中國大陸金融機構發行一個1年到期的投資項目，在市場上，他們不會是包裝成一個一年期的理財商品，而是發行數個1至3個月到期的理財商品來募集資金，連在一起去對接一年期的投資項目，這就是所謂的期限錯配。好處很明顯，因為一個月期的產品利率更低，金融機構掙的更多。但資管新規實施後，這樣的做法是不被允許的，所以以後市面上會看到很多長期理財產品，短期理財產品會大幅減少。

　　重點三、去槓桿化

　　IMF表示，中國銀行系統規模高達250萬億元，達到GDP的3倍，而其又與表外投資工具緊密相連，投資標的包括銀行存款、債券、非標信貸資產等，這些未受到充分監管的投資工具對過去幾年推動中國信貸繁榮起到了關鍵作用，同時也在金融機構間形成了錯綜複雜的投資

網路。IMF認為中小銀行風險敞口較大，因為這些槓桿類的投資工具佔到了它們總資產的1／5至1／3。

不過，IMF也肯定了中國過去兩年去槓桿取得的進展，認為2018年推出的資管新規將重塑中國資管行業，「除了限制投資工具的槓桿率和複雜程度，銀行還將逐步『縮表』，打破剛性兌付，有效地將一半的類存款產品轉為類似共同基金的形式。」IMF也同時提醒，中國銀行業在未來短期內將需面對資金需求的壓力。白話來說，未來大陸的理財商品將不保證保本，銀行及企業的高財務槓桿的負債比被要求降低，導致可運用資金規模縮小。

短空長多因素二、中國A股及債券市場，雙雙爆發違約潮風險，原因是？

根據統計，A股信用違約「黑天鵝」頻頻冒出頭。2018年5月分開始，信用違約風險蔓延至上市公司。從2018年一季公司財報來看，630家上市公司負債率超過60%，其中有18家上市公司的負債率超過100%，多為ST公司。經營財務惡化，企業經營團隊投資策略大多成長激進，導致企業自身的資金周轉風險擴大，成為下一波A股「黑天鵝」的導火線。

無獨有偶的，光2018年1月到5月內就已經出現了16家企業債券發生信用違約的風險，以春和集團為例，在不到一年期間，該家企業的信用評等從2015年AA級投資級債券評等，到2017年直接被打入C級垃圾債等級評等。由此可知，大陸企業營運的信用違約風險相當大。

據相關報導指出，春和集團是一家聚焦於船舶產業、海洋工程、資源投資、遠洋物流四大領域的投資公司，現有員工25,000餘人，2012年總資產213億元，營業收入135億元。公告顯示，春和集團於2012年4月24日公開發行5.4億元企業債券「12春和債」，票面利率7.78%，期限6年。

據公開資料稱，春和集團自2012年發行公司債券以來，足額支付了2013年度、2014年度、2015年度及2016年度的本期債券利息。而在2017年4月24日，公司已經構成實質違約，未能按期支付2017年度利息，合計人民幣4,201.2萬元。

而2018年中國債券市場違約率拉高，也呼應了資管新規裡的去槓桿化的調節政策。白話來說，中國企業的財務槓桿比例過高，融資的緊縮，讓一些財務惡化的公司提早見光死，這也代表了中國大陸去槓桿的初期成效顯著，正面來看，政府監管收緊降低了銀行對高風險、短期融資的依賴度，理財產品規模下降，也降低了銀行的風險。

什麼是ST公司：

意謂「特別處理」。該政策針對的對象是出現財務狀況或其他狀況異常的。1998年4月22日，滬深交易所宣佈，將對財務狀況或其它狀況出現異常的上市公司股票交易進行特別處理（Special Treatment），由於「特別處理」，在簡稱前冠以「ST」，因此這類股票稱為ST股。

如果哪隻股票的名字前加上st，就是給市場一個警示，該股票存在投資風險，一個警告作用，但這種股票風險大收益也大，如果加上ST那麼就是該股票有退市風險，希望警惕的意思，具體就是在4月左右，公司向證監會交的財務報表，連續3年虧損，就有退市的風險。

什麼是資管新規：

中國人民銀行、中國銀行保險監督管理委員會、中國證券監督管理委員會、國家外匯管理局於2018年4月27日聯合發布的《關於規範金融機構資產管理業務的指導意見》。

所以，可以預知的是未來中國債券市場需求仍擴大增加，而債券供給規模，因監管改革出現短期的陣痛而減少。如此一來，勢必帶給中國債券市場短空長多，提供一個未來穩健收益的投資潛在機會。

　　總體來說，在中國大陸眾多金融改革開放及管理政策趨嚴的驅使下，人民幣、A股、中國債市，預期將在震盪波動中，緩慢的拿出一條長紅線。建議投資人民幣計價的中國配息債策略，也可以先將中國債券市場視為亞洲債券市場的一部分，避免將大部分的資金投入單一中國配息債基金，然後再視情況緩步的增加調整持有比例，方能持盈保泰。

台灣廣廈 國際出版集團
Taiwan Mansion International Group

國家圖書館出版品預行編目資料

找到7%的「定存」：
不買股票！更勝定存！配息債基金挑三揀四投資法/郭俊宏 著，
-- 初版. -- 新北市 ：財經傳訊, 2018.06
　面；　公分. --（view 29）
ISBN 978-986-130-391-8（平裝）
1. 理財　2. 投資
563　　　　　　　　　　　　　　　　　107004321

財經傳訊
TIME & MONEY

找到7%的「定存」：

不買股票！更勝定存！配息債基金挑三揀四投資法

作　　者／郭俊宏　　　　　編輯中心／第五編輯室
　　　　　　　　　　　　　編 輯 長／方宗廉
　　　　　　　　　　　　　封面設計／張哲榮
　　　　　　　　　　　　　製版・印刷・裝訂／東豪・弼聖・紘億・秉成

行企研發中心總監／陳冠蒨　媒體公關組／陳柔彣
　　　　　　　　　　　　　綜合業務組／何欣穎

發 行 人／江媛珍
法律顧問／第一國際法律事務所 余淑杏律師・北辰著作權事務所 蕭雄淋律師
出　　版／台灣廣廈有聲圖書有限公司
　　　　　　地址：新北市235中和區中山路二段359巷7號2樓
　　　　　　電話：（886）2-2225-5777・傳真：（886）2-2225-8052

全球總經銷／知遠文化事業有限公司
　　　　　　地址：新北市222深坑區北深路三段155巷25號5樓
　　　　　　電話：（886）2-2664-8800・傳真：（886）2-2664-8801
郵 政 劃 撥／劃撥帳號：18836722
　　　　　　劃撥戶名：知遠文化事業有限公司（※單次購書金額未達1000元，請另付70元郵資。）

■ 出版日期：2018年6月　　　■ 初版4刷：2021年9月
ISBN：978-986-130-391-8　　版權所有，未經同意不得重製、轉載、翻印。